AH DIEU !
QUE LA GUERRE ÉCONOMIQUE
EST JOLIE !

Philippe Labarde
Bernard Maris

Ah Dieu !
que la guerre
économique
est jolie !

Préface de Serge Halimi

Albin Michel

© Éditions Albin Michel, S.A., 1998
22, rue Huyghens, 75014 Paris

ISBN : 2-226-09574-8

Au chômeur de confort.

(Terme inventé par Michel Bon et
popularisé par Alain Minc.)

Préface

C'est la guerre. Le langage a changé, la conni-
vence et l'accablement ont parfois remplacé l'af-
frontement et la colère. Mais c'est la guerre. Les
assaillants continuent leur promenade de santé, des
mutins ont abandonné leurs barricades. Mais
c'est la guerre. Economique, politique, idéologique,
culturelle, affective : le marché étant un totalitarisme omnivore, il avale goulûment chaque chose,
la mastique et la recrache sous forme de produit et
de profit. Bientôt plus présent dans l'imaginaire de
nos enfants que les histoires de leurs grands-pères,
Disney s'occupe même de commercialiser dans ses
enclos hideux nos rapports les plus intimes. « Pour
que le malheur se vende, il ne reste plus qu'à en
trouver la formule », chantait Léo Ferré.

On l'a trouvée et son nom, mondialisation, est sur
toutes les lèvres.

« Mondialisation », c'est-à-dire guerre universelle,
civile et permanente. Car les auteurs ne font pas le
détail. Ici finit le roman de chevalerie. Leur livre est
une arme. Contre la guerre des marchés, pour le

réarmement idéologique, contre la servitude volontaire. Un manifeste aussi : engagé, militant, transpercé par ce typhon que d'aucuns nomment l'état d'urgence. Polémique ? Oui, mais à condition de s'entendre sur le mot et de définir la chose. Depuis vingt ans, perpétrée par les maîtres du monde, l'agression a été permanente autant qu'unilatérale : ils ont voulu prendre leur revanche sur les deux siècles de conquêtes sociales et démocratiques qu'inaugura la Révolution française. Alors la guerre verbale, c'est aussi parfois le peu qui reste aux victimes de la guerre économique et sociale et à leurs quelques avocats. Ceux qui ne disposent ni de Matra, ni de l'Etat, ni de Dassault, ni de Sciences-Po, ni du *Figaro*.

Vingt ans que les maîtres de l'univers essaient d'effacer deux siècles. Et, en face, rien que nos quelques mots, forcément « polémiques ». Les agresseurs, nouveaux Bourbons revenus dans les fourgons de la mondialisation comme d'autres revenaient de Coblence la terreur blanche dans les yeux, ont disposé du choix des armes, du monopole de la force et de la légitimité qu'apporte la victoire. A Moulinex ou à Vilvorde, à IBM ou chez Maryflo, chaque fois que le « tueur » du camp du pouvoir essuyait les derniers vestiges d'une résistance humaine, son arme était aussi un couteau de mots. Mais d'autres mots, que personne n'aurait jamais l'idée de qualifier de « polémiques », apparemment innocents et pourtant aussi assassins qu'un sabre de pirate : compétitivité, employabilité, incontournable, réalisme, s'adapter. Chacune de ces locutions-là charrie avec elle une violence d'autant plus effrayante qu'elle est masquée. Et les journalistes de marché, les économistes domestiqués, les penseurs mercenaires, les savants cagoulés de notre système inégalitaire, les appariteurs et les profiteurs de l'ordre ne sont presque jamais « polémiques », eux. La guerre, ils n'en veulent plus ; notre capitulation pour l'éternité leur suffirait.

La rationalité serait tout à fait complète si les mots disposaient eux aussi d'un institut d'émission : un Trichet du langage ou un Tietmeyer de la périphrase régimenterait nos pensées et – tantôt par la pédagogie, tantôt par l'intimidation – cet institut, qu'il conviendrait de rendre aussi « indépendant » que la Banque de France, ferait progresser de nouveaux critères de convergence. Mais cessons d'imaginer : la fusion de la pédagogie et du forceps est déjà faite. Et la nouvelle académie porte un nom qui sonne comme une garantie de soumission : les médias. Un peu à la manière des marchés, ils s'occupent de tout, de l'amour à la mort. Dans la guerre qu'ils livrent, deux fronts sont prioritaires. Le premier est l'histoire. La nôtre ayant été un peu trop riche en soulèvements et en révolutions, il a été indispensable de vriller dans nos crânes l'idée que toute rebellion serait utopique, et que les utopies avaient toujours empilé des cimetières sanglants sous la lune. En somme, et comme le disait François Furet avec une franchise réactionnaire un peu désarmante, « nous sommes condamnés à vivre dans le monde où nous vivons ». Une telle morale, que ce livre combat, semble sortie tout droit des salons cossus où on vit bien dans ce monde-là.

L'autre grand front de la guerre idéologique est celui de l'économie. Pendant que des historiens harnachés d'honneurs et d'émissions de télévision expliquent qu'il ne faut plus jamais se révolter, les économistes de marché assènent que la révolte est mathématiquement impossible puisqu'une alchimie de chiffres et de corrélations byzantines interdirait de faire autre chose que « la seule politique possible ». Celle qui a l'aval des riches. Celle qui a donné à la France sept millions de chômeurs et de salariés précaires, et à la planète un milliard de sans-travail. Les historiens grondent que vouloir sortir la tête de l'eau serait trop dangereux ; les économistes précisent que c'est de toute façon devenu impensable. Mais, s'ils ont raison, il ne reste plus alors, comme Simone Weil l'expliquait il y a soixante ans, qu'à « serrer les dents. Tenir. Comme un nageur sur l'eau. Seulement avec la perspective de nager toujours jusqu'à la mort. Pas de barque par laquelle on puisse être recueilli ». Pour Simone Weil – et pour les ouvrières métallos avec qui elle se battait – une barque arriva. Ce furent les grèves de juin 1936. Et l'on pensa enfin l'impossible.

Pour le moment, face à l'océan de la mondialisation et de ses discours de soumission, la lucidité est la seule chaloupe que les auteurs nous proposent. Ce n'est pas encore assez pour ne pas se noyer. Mais ce n'est pas rien de savoir que depuis 1974 et la

« crise », en France, la production de richesses a augmenté de 70 % alors que le nombre des chômeurs était multiplié par sept. Ce n'est pas rien de savoir que le discours du « parti de la guerre » n'a pas été imposé aux gouvernants par les marchés. Il faut en effet le lire dans ce livre et le répéter : ce sont nos hommes politiques, nos élus, qui, délibérément, systématiquement, ont choisi de débrider les marchés. Ensuite, mais seulement ensuite, ils ont feint de découvrir leur impuissance, ils ont dénoncé la crise de la représentation et de la démocratie. Un peu à la manière du violeur craignant la récidive et qui déciderait de procéder à sa propre castration.

Oui, l'Acte unique, Maastricht, le pacte de stabilité, la marche à l'euro, les privatisations, les déréglementations, la libre circulation des marchandises et des capitaux, le feu vert au dumping social, le rapt par le capital d'une part croissante du revenu national : tout cela fut bien le résultat de choix politiques, de décisions prises, en France, par les gouvernements de Laurent Fabius, de Jacques Chirac, de Michel Rocard, de Pierre Bérégovoy, d'Edouard Balladur et de quelques autres. Ailleurs, les artificiers de l'apocalypse furent Reagan-Bush-Clinton, Thatcher-Major-Blair, Kohl-Kohl-Kohl. Les « marchés » l'exigeaient : ils le firent. Destruction du collectif, éclatement du travail, « tiers-mondisation des nations », « uniformisation du monde et cloisonnement des hommes »; le système « qui fonctionne à l'exclusion » est désormais bien en place. Presque tout a été donné aux uns ; beaucoup a déjà été repris aux autres. L'essentiel du « sale boulot » a donc été accompli. Après les Trente glorieuses, nous avons vécu les Vingt malheureuses.

La rédaction du Livre noir de ces vingt années ne fait que commencer. Et les auteurs ont raison de réclamer que nous identifiions les responsables de notre bond en arrière, « des conservateurs bon teint aux ex-gauchistes reconvertis dans les affaires ». Car, à moins de penser qu'en piétinant l'intérêt collectif ils ne faisaient que servir leur classe, leur incompétence fut en effet prodigieuse. Elle ne les empêche pas de continuer à parader sous un masque d'expertise. Raymond Barre, le « Joffre de l'économie française », nous légua autant de déroutes que le général Nivelle : un million de chômeurs supplémentaires et une inflation à deux chiffres. Mais, pour les médias, Raymond Barre est un expert économique. Valéry Giscard d'Estaing créa un emprunt qui rapporta sept milliards de francs au Trésor et qui en coûta dix fois plus aux Français. Mais, pour les médias, Valéry Giscard d'Estaing est un expert économique. Edouard Balladur ajouta plusieurs centaines de milliards de francs à la dette publique et creusa le déficit de la Sécurité sociale pour mieux garnir les arbres de Noël du patronat. Mais, pour les médias, Edouard Balladur est un expert économique. Jean-Claude Trichet, gouverneur de la Banque de France, était directeur du Trésor quand le Crédit lyonnais engloutissait la fortune des contribuables dans de désastreuses spéculations immobilières. Mais, pour les médias, Jean-Claude Trichet est un expert économique. Et plus ils nous ont coûté cher, plus ils nous ont infligé de saignées, plus ils croient avoir gagné le droit de nous expliquer que *nous devons faire pénitence*. L'un va à Davos morigéner les salariés, l'autre exige que l'Etat lui paie un parc à volcans, le troisième s'impatiente de l'« exception française », le dernier voulait même devenir patron de la future monnaie européenne. Et avait, en vue d'un tel objectif, obtenu le soutien du président de la République néogaulliste et du Premier ministre socialiste.

Leur inconséquence est sœur jumelle de leur incompétence. Non seulement ces libéraux impénitents se sont trompés, non seulement ils s'obstinent, mais ils n'hésitent pas à quémander sans cesse auprès de l'Etat, ce pelé, ce gueux d'où viendrait tout le mal. Cet Etat qu'ils dénoncent, ils ont, année après année, su le faire payer : un Grand Stade qui bénéficiera à Bouygues, des avions de guerre qui profiteront à Dassault, des défiscalisations et des subventions directes qui enrichiront Peugeot. Le capitalisme, c'est la guerre, expliquait Jaurès qui allait mourir assassiné le jour où fut consommée la mêlée sanglante de 1914. Désormais, c'est plutôt le rapt de la richesse collective, la possibilité de faire payer par ceux qui n'ont pas grand-chose pour ceux qui ont déjà tout, d'externaliser des coûts et de répandre des déchets sur la société, un peu « comme un pétrolier externalise les siens en nettoyant ses soutes dans la mer ». Une autre guerre en somme.

15

Les partisans du « moins d'Etat » citent sans cesse en exemple le « modèle américain ». On les comprend. Là-bas, le libéralisme ressemble à sa caricature : ce que l'« Etat-providence » perd de chair, l'Etat-censeur, l'Etat-prêcheur, l'Etat-garnison, l'Etat-prisons le gagne aussitôt en graisse. Là-bas, moins d'Etat, c'est l'Etat ailleurs que là où il pourrait remédier à l'injustice, et partout où il peut faire régner l'ordre. Là-bas, le revenu d'un patron est près de deux cents fois celui de son ouvrier ou employé. Là-bas, les dirigeants d'entreprise qui ont prouvé leur incompétence sont remerciés, mais avec beaucoup plus de ménagements que les armées de « restructurés » : 7 millions de dollars pour Gilbert Amelio licencié par Apple après dix-sept mois à la direction de la société ; 22 millions de dollars pour Robert Greenhill, licencié par Smith Barney au bout de trois ans ; 90 millions de dollars pour Michael Ovitz, licencié par Disney après dix-huit mois. Quant à Michael Eisner, le très libéral patron de Disney, son nouveau contrat de dix ans, son CDD de platine, devrait lui rapporter 771 millions de dollars. Car en définitive, c'est cela le « bonheur économique » que d'aucuns nous chantent : un habitant d'Haïti travaille plus de seize ans pour gagner le salaire horaire de Michael Eisner. Et Michael Eisner est désormais l'un des hommes qui cisèlent notre imaginaire.

Ainsi, chaque fois qu'un mot ou paragraphe de ce livre exprime une forme de colère, le lecteur doit

Préface

conserver à l'esprit le projet des auteurs. Un projet qui se résume ainsi : oser dire et expliquer, afin d'entrer armé en dissidence.

Serge Halimi

Prologue

La propagande par tombereaux

Ah Dieu ! que la guerre est jolie !
Apollinaire.

Rien de tel qu'un bon petit krach pour secouer les esprits. En octobre 1997, dix ans après le krach de 1987, quel plaisir de revoir, avec leur faconde, un peu ébranlée, un peu tremblotante malgré tout, les mêmes commentateurs, experts, spécialistes, gestionnaires, cambistes, économistes, journalistes et analystes de tout poil, grelottant de leur nullité experte, essayant de se rassurer les uns les autres : et que ce n'est pas si grave, et que la croissance n'est pas en cause, et que le petit porteur a su garder son calme sous la mitraille pendant que les gros partaient en retraite... Brave soldat. Toujours calme dans la tranchée pendant que les chefs préparent son destin.

Le petit porteur n'a pas vendu. Le gros oui. Et il a bien fait. Dès le premier jour de chute, il a placé ses fonds en obligations. Il sait que derrière l'obligation il y a l'Etat. Et derrière l'Etat, celui qui paye pour la faillite frauduleuse (4 à 500 milliards) des caisses d'épargne aux Etats-Unis ou le déficit du Crédit lyonnais en France (130 milliards environ ; tout est dans ce « environ »). Le krach : le fameux modèle asiatique de développement « nettoyé » en quelques semaines. Les « dragons » transformés en caniches tendant leur sébile à l'Etat, ce fameux Etat inefficace, vilipendé, liberticide. Et l'Etat va payer, et pour ce faire pressurer ceux qui n'ont rien ou pas grand-chose.

Merveilleuse guerre économique où le soldat, le salarié, le petit porteur est traité comme ces jeunes gens, ces pauvres paysans à peine sortis de l'enfance du *Grand Troupeau* dont parlait Giono, traînés comme des imbéciles, méprisés et menés à l'abattoir par leurs chefs...

Merveilleuse guerre économique, dont la propagande veut faire des soldats du marché du travail des héros de la flexibilité, de la compétitivité, de la productivité, de la lutte concurrentielle... pour qui ? Pour les détenteurs de monopoles, les dictateurs du logiciel comme M. Gates ? Les féodaux abreuvés à l'impôt comme M. Dassault ? Les rentiers récupérateurs de marchés publics comme M. Messier ?

La guerre économique permet d'aligner des chiffres du commerce extérieur, largement payé par les subventions publiques (pas vrai, les céréaliers ?), comme autant de petits drapeaux fichés sur les collines ennemies. Battez-vous, luttez, vous ne penserez pas à autre chose.

Luttez, car c'est votre destin. La mondialisation

est là. Vous ne pouvez rien contre elle, non ? Peu importe que la mondialisation soit organisée, orchestrée, préparée par des multinationales agissant par-dessus les Etats avec l'étroite complicité de ceux-ci, des multinationales qui ont déjà leur propre système politique mondial, qui a pour nom OMC, FMI, Banque mondiale, Commission européenne (cette Commission aura plus fait pour l'idéologie de la guerre économique en trente ans que le capitalisme en trois siècles).

Battez-vous. Les inégalités se creusent ? Jamais, dans l'histoire de l'humanité, les nantis n'ont été aussi loin des pauvres ? Creusez plus profond votre tranchée. Votre vie devient polluée comme un vendredi soir sur les quais de Seine ? Mettez votre masque à gaz. Vous ne savez pas si vos enfants auront une éducation, une santé correctes, ne parlons pas d'un métier ? Apprenez-leur la flexibilité. Eduquez-les à la précarité, à l'incertitude du lendemain, à la peur perpétuelle de cette bombe appelée chômage, ça pourra leur servir. Allons, du nerf, que diable ! Les profits explosent ? Les firmes font tellement de profits qu'elles ne les investissent même plus ? Les firmes n'ont jamais été autant engraissées de subventions d'un Etat qu'elles méprisent, et dont on leur donne maintenant le capital ? La guerre, on vous dit. Soyez mobiles, prêts à être embauchés le matin pour être débauchés le soir. Flexibles. Courbés. Prêts à attaquer. On vous sifflera dès qu'il faudra sortir du trou. Et après l'assaut, un nouvel assaut, puis un autre. Sans fin.

Pour la guerre, il faut des soldats, des chefs et des marchands de canons. Et surtout de la propagande.

De la propagande, on n'en a pas eu des kilos, mais des tonnes. Des tombereaux. Les fonctionnaires sont des planqués, les smicards de honteux privilégiés, les assurés sociaux des nantis et les chômeurs des paresseux qui s'accrochent à leur alloc. Ne parlons pas des Rmistes, ces salauds à 2 000 francs net qui empêchent que le Smic soit à 3 000. Et parmi eux, ceux qui ont un toit, privilégiés par rapport aux clochards. Passons sur l'Etat prédateur, l'impôt qui tue l'initiative, les privilégiés de la SNCF, de la route ou de La Poste qui prennent le pays en otage. Le pire, c'est sans doute l'idéologie de la « mondialisation heureuse », c'est-à-dire tout le pouvoir aux marchés, à bas le droit du travail, et vive le nivellement par le bas. Germinal enfin heureux de son sort.

La mondialisation à la mode libérale est la mise en coupe réglée du bien public, mobilier et immobilier, le saccage des caisses de Sécurité sociale et l'anéantissement du droit du travail. Ce que l'on conte comme un progrès est une régression de deux siècles. Que les Anglais aient les patrons les mieux payés du monde, peu de chômeurs et beaucoup de pauvres, un analphabétisme, des suicides et une morbidité en plein boom mais aussi le meilleur cinéma social du moment[1] doit nous faire réfléchir. La patrie de l'Etat de droit et de l'Etat-providence, la terre qui accueillit les longues heures studieuses

---

1. Voir, entre autres, le merveilleux film *Les Virtuoses*.

de Karl Marx au British Museum et permit la naissance de *Das Kapital,* a favorisé, grâce à Margaret Thatcher, une invraisemblable régression, la régression au libéralisme le plus brutal, celui d'un Malthus (« les lois sur les pauvres créent les pauvres qu'elles assistent »), d'un Burke, d'un Franklin, d'un Pareto (« à celui qui a su gagner des millions, que ce soit bien ou mal, nous donnerons 10 sur 10 ; à celui qui arrive tout juste à ne pas mourir de faim, nous donnerons 1 sur 10 »), auprès desquels M. Madelin est une gentille dame patronnesse un peu socialisante. La guerre économique est un suicide social. Et le « social », s'il ne veut pas mourir, doit tuer cette guerre.

La mondialisation version « tous citoyens du monde » est la meilleure des choses, la mondialisation version « tous caissières et tous asservis au supermarché mondial » la pire. Les grandes firmes donnent des ordres de sabordage aux Etats via leurs institutions supranationales – OMC, FMI, Banque mondiale, Commission européenne – relayées par les officines de propagande telle cette stupide et monocorde OCDE, incapable de cafouiller autre chose que « Vive la guerre économique, vive la concurrence, vive la flexibilité ! ». La guerre économique est aussi un suicide politique. Et on a le droit d'être inquiet lorsqu'un Premier ministre socialiste déclare regretter que les Français « n'aient pas la culture économique de l'indépendance de la Banque centrale ». Car il est très grave que la création de l'argent et sa répartition soient réservées à quelques personnes privées.

Bien entendu, nous sommes mondialistes. Bien entendu, l'avenir du monde est à un gouvernement unique qui permettra de gérer, entre autres, les fantastiques problèmes écologiques qui se posent à la Terre. La prochaine guerre – la vraie – sera peut-être une guerre de l'eau. La mondialisation *économique* est le contraire de la régulation. C'est la sauvagerie et le saccage, la prédation au cœur de l'idéologie libérale, le pillage de la Nature tel que le résumait l'ultralibéral Jean-Baptiste Say dans sa formule : « Les ressources naturelles sont inépuisables. » Jean-Baptiste Say inventa, avant Walras, la fable du « marché autorégulateur ». Il est regrettable que les thuriféraires du marché et de la guerre économique n'aient pas de culture économique. Ils sauraient ce que savent depuis vingt ans les plus grands économistes formés pourtant à l'école de Say et Walras – Debreu, Hahn, Arrow, Sonnenschein, et pourquoi ne pas y ajouter Nash, qui a démontré qu'un équilibre n'est pas optimal : ils sauraient que l'équilibre du marché est une fable ; qu'il n'existe pas ou qu'il est multiple, ou bien instable ; que le marché détruit ; que le marché, avec sa conception du temps réversible, ignore les irréversibilités ; que cette légende du marché régulateur et de la concurrence bénéfique est une simple religion temporelle du bonheur éternel et de la « fin de l'histoire » dans le marché, une sécularisation du paradis, un nouveau paradis terrestre (on a vu ce qu'a donné le paradis socialiste...).

Oui, qu'on ne nous sorte pas la catastrophe communiste : le communisme est une guerre économique pire que celle des libéraux, un productivisme qui n'a pas réussi, une guerre économique poussée jusqu'à l'assèchement de la mer d'Aral et le remplissage de la mer Noire par des déchets nucléaires ; ces mêmes déchets que les libéraux américains – plus malins – veulent vendre à l'Afrique.

La propagande, la fable de la « mondialisation heureuse », le sabordage de l'Etat et de la politique, le retour à la morale victorienne du nanti béni des dieux et du pauvre maudit : voilà « la guerre économique » que raconte ce livre.

Heureusement, il y a de grands espoirs. Heureusement, cette guerre est peut-être la dernière bataille de l'humanité contre elle-même ; espérons qu'elle ne sera pas trop sanglante ! Au-delà, il y a l'espoir de la paix au XXIᵉ siècle, grâce à la révolution technique qui élimine le travail manuel. De toute façon, on n'a pas le choix : ou le chaos des « grandes compagnies » dans une guerre civile interminable, ou la paix dans une redistribution retrouvée.

Et maintenant, crosses en l'air, pour qu'on ne puisse écrire un jour : « Et le combat cessa faute de combattants. »

1

Ils ont tué Jaurès !

Vous arrive-t-il parfois d'être saisi par une irrésistible envie de chanter sur un air martial : « Vous n'aurez pas nos parts de marché ! » Si vous répondez non à cette question, vous êtes « archaïque » et sans doute un déserteur potentiel. Si vous répondez oui, vous êtes moderne et présentez des dispositions qui devraient vous permettre de faire une bonne petite recrue pour la « guerre économique » que se livrent les industriels et les financiers pour s'approprier la plus grande part possible du gâteau, de la richesse mondiale... et les pouvoirs qui vont avec.

C'est qu'il est appétissant ce gâteau. D'autant plus appétissant qu'il grossit régulièrement en dépit de la « crise » dont on nous rebat les oreilles depuis des lustres. Des chiffres ? En voilà. Depuis 1974, le produit intérieur brut mondial, calculé en dollars constants, valeur 1996, est passé de 11 000 à 19 000 milliards de dollars. Il a donc presque doublé. Mais le meilleur est à venir. « Cette richesse croissante a été obtenue du fait des progrès de la productivité liée à la révolution informationnelle avec un volume de travail humain réduit d'un tiers [1]. » Voilà, vous avez bien lu : jamais l'humanité ne fut aussi « riche » et jamais une telle quantité de « richesses » – mesurées à l'aune des comptables qui nous dirigent – ne fut produite avec si peu de labeur.

Dans un monde civilisé ou tout simplement rationnel, un tel constat devrait réjouir ou à tout le moins permettre d'espérer. Il n'en est rien. Car nous ne vivons pas dans un tel monde. S'il fallait s'en convaincre, il suffirait de rappeler ce qu'ont fait de ces richesses et de ce temps gagné sur le travail des hommes les pays industrialisés, dits aussi les plus avancés : des très riches plus riches, des très pauvres plus pauvres, des salariés de plus en plus précarisés, des chômeurs et des exclus par millions. Et pourquoi ? Parce que au lieu de procéder à une répartition harmonieuse et équitable de ces trésors, entre les nations ou à l'intérieur desdites nations, on s'en est tout simplement remis à une bonne vieille logique de guerre [2].

Ce « on » est bien vague, direz-vous ! Et de fait il l'est puisqu'il s'agit d'un système qui démontre avec

---

1. Patrick Viveret, cité par Jacques Robin, in *Quand le travail quitte la société industrielle*, GRIT, Paris, 1993.

2. Et, dans le genre, la *Lettre à tous les Français* de François Mitterrand n'était pas triste ! Sous le paragraphe « La guerre économique mondiale », on lit : « Considérons l'économie mondiale : on n'y voit qu'un champ de bataille où les entreprises se livrent une guerre sans merci. On n'y fait pas de prisonniers. Qui tombe, meurt (...). N'oublions pas que la guerre est totale et qu'elle est générale. » (*Lettre à tous les Français*, p. 27.)

éclat qu'il sait efficacement produire, mais qu'il ne sait plus répartir. D'un système où l'accumulation est la priorité absolue, qu'il s'agisse de richesses ou de pouvoirs. Que cette démonstration éclatante de puissance/impuissance intervienne dix ans après l'effondrement d'un collectivisme d'Etat, aussi honni qu'inefficace, ne fait qu'ajouter aux charges de l'accusation. Car enfin, souvenez-vous de ce que nous entendîmes au lendemain de la destruction du mur de Berlin ! L'économie de marché débarrassée de son vieil ennemi aussi épuisé que rejeté allait enfin pouvoir donner sa pleine mesure, ne serait-ce qu'en utilisant les fameux « dividendes de la paix » ! Il eût été plus conforme à la réalité de dire que si dividendes il allait y avoir, ils seraient répartis encore plus inéquitablement qu'à l'ordinaire, et qu'à la paix tant désirée se substituerait la montée en puissance d'une guerre économique osant enfin montrer son vrai visage, faute d'avoir trouvé des Jean Jaurès pour la dénoncer.

Totale, mondiale, civile

Pour être « moderne » – moderne évidemment puisque économique – cette guerre-là offre cependant des points de comparaison avec les grandes boucheries militaires, même si son décorum est moins spectaculaire : pas d'uniformes, pas d'affiches de mobilisation générale avec petits drapeaux, pas d'horreurs télégéniques, pas de monuments aux morts, et partant pas de cérémonies commémoratives permettant de rendre hommage aux victimes. Mais sur le fond, la démarche est la même. Il s'agit toujours de se battre, de supprimer l'ennemi, soit en s'en faisant un allié, soit en le détruisant, le but ultime étant de conquérir... en l'occurrence des marchés.

Le discours belliciste est également le même. Il tend à convaincre l'opinion publique que les drames qu'elle traverse sont inévitables, que les sacrifices qui lui sont demandés ou imposés sont tout à la fois également répartis et riches de promesses ; enfin que la victoire est certaine.

Troisième similitude : cette guerre est totale et mobilise tous les moyens disponibles. Ainsi est-il mis à son service trois phénomènes considérables dont il n'est pas excessif de dire qu'ils sont de nature à façonner un nouveau monde : la mondialisation, la libération de la circulation des capitaux et la révolution informationnelle.

Compte tenu du ton qu'ont pris les débats ces dernières années, on est tenté d'écrire que la mondialisation est d'abord un objet de polémique. C'est l'évocation de la mondialisation, par exemple, qui permet à Le Pen et à ses séides de dénoncer tout à la fois l'invasion que subirait notre malheureux pays qui se voit ainsi imposer l'« accueil » d'hôtes indésirables et le plus souvent basanés, le vol du « travail français » et la perte de ces valeurs ancestrales qui ont fait cette France de Saint Louis et de Jeanne d'Arc dont tout « national » porte le deuil. De là à conclure que la droite est opposée à la mondialisation, il n'y a qu'un pas qu'il ne faut pas franchir. Car ce phénomène est un formidable outil de propagande pour les libéraux-conservateurs.

C'est en son nom, ou plutôt au nom de l'impératif de compétitivité entre les entreprises et les nations, qu'elle imposerait que le balayeur de Romorantin se voie refuser une augmentation de salaire, à moins qu'il ne soit tout simplement « restructuré », en clair licencié, sort auquel n'échappe plus le cadre de La Défense. C'est cette même mondialisation qui justifie les appels à la réforme ou plutôt à l'adaptation dont on sait maintenant qu'elle passe par une privatisation systématique de toutes les richesses de la collectivité et également par une flexibilité dont le but ultime mais non avoué est la disparition de toute la législation du travail et l'abandon de la protection sociale collective. C'est enfin et toujours cette même mondialisation qui permet à quelques professeurs de vertu de souligner en passant que « les Asiatiques, eux, travaillent » et que le sort des Rmistes hexagonaux est tout de même plus enviable que celui des intouchables de Calcutta.

Cela constaté, il reste que le terme de mondialisation recouvre un phénomène bien réel : celui de l'ouverture progressive des économies sur l'extérieur qui va de pair avec la croissance des échanges internationaux. Encore faut-il mesurer l'ampleur du phénomène. Et rappeler par exemple que si les échanges courants représentent parfois plus de 60 % de celui des nouveaux pays industrialisés (NPI) d'Asie, le « degré d'ouverture[1] de l'Europe est de 8 % contre 10 pour le Japon et 12 pour les Etats-Unis. Avant la guerre de 14, les pays capitalistes connaissaient des taux d'ouverture comparables[2].

Quelles conclusions tirer de ce constat rapide ? En premier lieu, que la fameuse « interpénétration des économies » est une réalité qui diffère d'un pays à l'autre. En second lieu, que nombre de pays, pour être inscrits dans le processus, disposent de marges de manœuvre propres considérables pour mener des politiques « nationales ». C'est le cas de la France par exemple, pour autant qu'elle décide de faire de l'aménagement du territoire et de la satisfaction de besoins, pour l'heure non pris en considération parce que non solvables, des priorités ; ce qui n'est pas le cas, au prétexte que seraient gâchés des moyens indispensables à la guerre économique. A la vérité, ce discours, outre qu'il est court, est de surcroît peu pertinent. Car, enfin, il serait temps que l'on nous explique pourquoi un pays disposant d'infrastructures performantes et habité par des citoyens satisfaits de leur présent et confiants dans un devenir qu'ils contribueraient à bâtir ne bénéficierait pas d'un avantage de compétitivité. On ris-

---

1. Mesuré classiquement par le rapport entre importations et revenu national.

2. Le degré d'ouverture de la France à ses partenaires européens est de 25 % contre 15 % dans les années 60.

que d'attendre longtemps tant il est vrai que la marche forcée vers la mondialisation que l'on tente de nous imposer répond à des impératifs qui concernent moins le bien-être immédiat et l'avenir des populations, laborieuses ou non, que l'arrondissement des comptes en banque et du patrimoine de quelques-uns... Au demeurant, comment pourrait-il en être autrement dès lors que le processus en cours est « supervisé » par une Organisation mondiale du commerce (OMC) dont il n'est pas excessif d'écrire qu'elle est tout entière au service des seuls véritables acteurs de la mondialisation, les grandes sociétés multinationales elles-mêmes en prise directe, c'est le cas de le dire, avec les marchés !

La mondialisation est un peu comme la « langue d'Esope ». Elle peut engendrer le pire ou le meilleur. Le meilleur, si elle permet à des pays, jusqu'alors victimes ou exclus du développement, d'y être associés. Le meilleur encore, si elle permet une redistribution plus équitable des richesses entre les nations et à l'intérieur desdites nations. Le meilleur enfin, si dans son sillage s'engouffre la démocratisation de la vie politique. Constatons que pour l'heure ce n'est pas la voie qui a été empruntée.

La libération de la circulation des capitaux tient plutôt, elle, de l'ouverture de la « boîte de Pandore ». Présentée comme accompagnant « logiquement » l'essor du commerce international et la libre circulation des marchandises, elle a donné naissance à un nouveau pouvoir : celui des marchés. Les capitaux circulent donc librement, en tout cas mieux que les hommes puisqu'il ne leur est pas imposé de visas ni de certificats d'hébergement. Grâce à cette liberté de mouvement retrouvée, la « communauté financière » est en passe d'imposer son point de vue aux Etats. Curieusement, les libéraux, toujours soucieux de l'équilibre des pouvoirs, ne s'inquiètent pas de la toute-puissance de ce pouvoir-là.

A ce propos, on ne peut résister à l'envie de citer un « essayiste » parmi les plus prolifiques du temps : « Le totalitarisme des marchés financiers ne me réjouit pas. Mais je sais qu'il existe et je voudrais que toutes les élites le sachent. Je ne sais pas si les marchés pensent juste mais je sais qu'on ne peut pas penser contre les marchés. Je suis comme un paysan qui n'aime pas la grêle mais qui vit avec. Les 100 000 analphabètes qui font les marchés, si vous ne respectez pas un certain nombre de canons aussi rigoureux que les canons de l'Eglise, peuvent mettre en l'air l'économie d'un pays. Les experts sont au moins les propagandistes de cette réalité[1]. »

Cette citation, extraite d'une revue, dans un ensemble consacré à « La pensée Alain Minc » (cela ne s'invente pas) est époustouflante. Passe encore que notre penseur s'adresse aux « élites », mais qu'il leur propose de plier l'échine face au « totalitarisme » *(sic)* de « 100 000 analphabètes » coupe littéralement le souffle. Car, de deux choses l'une : ou bien Alain Minc considère effectivement qu'il

---

1. Alain Minc, dans *Le Débat*, mai 1995.

n existe aucun moyen de mettre à la raison « 100 000 analphabètes » et il est alors moins inventif que le paysan qui utilise, lui, depuis longtemps le canon à grêle ; ou bien il admet implicitement que ce « totalitarisme » est nécessaire au bon fonctionnement du système, fût-ce au risque de voir « 100 000 analphabètes » « mettre en l'air l'économie d'un pays » !

Venant d'un homme qui aime à se présenter comme un « libéral de gauche », cette résignation, qu'elle soit ou non cynique, ouvre en tout cas d'assez jolies perspectives aux marchés et à leurs acteurs qu'il est au demeurant un peu court de qualifier d'analphabètes. Car enfin, on ne voit pas pourquoi ils n'emprunteraient pas le boulevard qui leur est offert. Après tout, ces gens-là n'ont jamais prétendu faire dans la morale, ni dans l'équité, pas même dans l'efficacité économique. Ils sont là, comme diraient les chroniqueurs financiers, pour « optimiser la gestion des capitaux qui leur sont confiés », en clair pour faire le maximum d'argent avec le minimum de risques et si possible dans le minimum de temps. Dès lors, c'est « logiquement » qu'ils exigent des managers la rentabilité la plus forte possible, quels que soient les moyens utilisés pour l'obtenir et qu'ils s'enthousiasment à l'annonce de « restructurations » le plus souvent accompagnées de « dégraissages » – une formule qui fait rêver ! – synonymes pour eux de profits à venir. De même, est-ce encore « logiquement » qu'ils exigent des hommes politiques et des banquiers centraux qui, aujourd'hui, en tiennent lieu, le respect des « grands équilibres » à l'exception notable de la variable emploi – garante à leurs yeux d'une « stabilité monétaire » qui les met à l'abri des risques de change ? Que les banquiers centraux en soient réduits à faire de la « confiance » qu'il faut nécessairement obtenir desdits marchés l'axe quasi unique de leur action en dit long sur « l'indépendance » dont ils se vantent et dont nous soûlent les cuistres qui dominent la communication économique. A moins que certaines « dépendances » ne soient plus acceptables que d'autres...

Au total, le bilan des « analphabètes » n'est pas si médiocre. Il est vrai que les « amis » d'Alain Minc leur ont grandement facilité la tâche. Pour ne prendre que le cas de la France, ce ne sont pas les marchés qui ont contraint les responsables (*sic*) économiques de gauche à faire financer une part considérable de la dette par des capitaux étrangers et donc baladeurs. Ce fut bel et bien une décision politique et mûrement réfléchie d'un pouvoir qui souhaitait par ce biais justifier sa politique du franc fort et de l'accrochage suicidaire au mark à laquelle applaudissait Alain Minc. De même, ce ne sont pas les marchés qui ont poussé vers les placements financiers une frange de plus en plus importante des classes moyennes, mais bel et bien les politiques économiques mises en œuvre, qui faisaient peser des menaces de plus en plus lourdes sur l'avenir des salariés et des systèmes de protection collectifs. Ce ne sont pas non plus les marchés qui ont exalté l'actionnariat populaire et la création de fonds de pension, inventions diaboliques qui font des salariés, à défaut de petits propriétaires des entreprises dont ils sont directement ou indirectement actionnaires, de gentils petits moutons schizophrènes, apprenant le même jour qu'ils sont victimes d'un licenciement collectif, mais qu'ils se sont virtuellement enrichis, puisque le cours de l'action de leur entreprise a bondi en Bourse ! Formidable opération psychologique par parenthèse que celle qui consistera à présenter le développement de l'actionnariat comme la forme la plus avancée et la plus moderne (toujours moderne !) de la démocratie. François Pinault[1] et la veuve de Carpentras, comme disent les boursiers lorsqu'ils veulent évoquer le « petit porteur » d'actions, même combat. Ce n'est pas de l'unité nationale, ça ? Demain, tous actionnaires d'une France transformée en gigantesque société anonyme, ce n'est pas un beau projet de société ?

Le pire est que cette toute-puissance des marchés a été décuplée par une mutation technologique, la révolution informationnelle, dont les retombées sont sans équivalent historique, et dont René Passet a pu écrire sans risque d'être contredit : « Jamais mutation n'aura été si clairement annoncée, analysée, mesurée et superbement ignorée. » Constat

---

1. Devenu en quinze ans propriétaire du Printemps, de la Redoute, de la FNAC, etc. Fortune personnelle : entre 7 et 10 milliards de francs (estimation !).

cruel mais tellement juste ! Car c'est peu dire que cette révolution bouleverse la donne, au point de rendre obsolètes aussi bien les oripeaux marxistes-léninistes que les colifichets libéraux. Nous vivons une révolution qui entraîne la progression foudroyante de quatre technologies mutantes : l'informatique, la robotique, les télécommunications et les biotechnologies. « Ces quatre technologies majeures permettent des performances éblouissantes pour calculer, modéliser, commander les systèmes énergétiques traditionnels. Leurs avantages sont évidents : productivité ininterrompue, miniaturisation croissante, consommation minimale d'énergie. Elles appellent de nouvelles règles de partage, un nouveau rapport au temps, une nouvelle alphabétisation[1]. »

Ce qui nous saute au visage aujourd'hui est l'aboutissement d'une révolution amorcée au milieu des années 70. La moindre de ses conséquences n'est pas de rendre de plus en plus obsolètes les ratios traditionnels de l'économie de marché tels la productivité, le PNB ou le niveau des investissements matériels, et ce pour une raison bien simple : « La logique du marché se combine en effet à une nouvelle logique économique avec laquelle elle doit compter : celle de l'immatériel[2]. »

La conséquence la plus visible de cette révolution

---

1. Jacques Robin, *Quand le travail quitte la société industrielle*, *op. cit.*

2. *Ibid.*

qualifiée à tort d'industrielle est de permettre de produire à vive allure et quasiment sans fin toujours davantage de biens et de services avec de moins en moins de travail humain. « Confisqué » par des décideurs confondant leurs intérêts avec ceux du plus grand nombre, ce phénomène qui aurait pu engendrer le meilleur a débouché sur le pire : déqualification, chômage, exclusion.

Nous voilà transportés bien loin des débats aussi solennels que creux qui sont d'ordinaire offerts aux citoyens avec le succès que l'on sait. Reste que le silence de plomb qui pèse sur cette révolution et ses effets est suspect. Incapacité de nos plus brillantes intelligences à identifier les phénomènes majeurs ? Ce serait leur faire injure ! Prudence visant à protéger des positions et des situations acquises ? Cette piste-là est sans doute la bonne qui justifie le vieux discours traditionnel sur les vertus du combat, les sacrifices nécessaires et le bonheur pour demain, bref, le discours de propagande.

Le pont de la rivière Kwaï

Le bourrage de crâne est à la guerre ce que le ketchup est aux plats servis chez McDonald's : écœurant mais nécessaire à l'ingestion du produit. La guerre économique n'échappe pas à la règle, à ceci près que la propagande qui la justifie se veut plus élaborée au nom d'un implicite « les chiffres, eux, ne mentent pas » qui, entre autres parfums, fleure bon l'escroquerie scientifique.

Cela dit, il faut admettre que les « bellicistes » déclarés ou non ont mis au point une argumentation sur la légitimité et la nécessité de la guerre imparable, dès lors que son postulat de base est accepté, à savoir : les entreprises créent les seules « vraies » richesses. A partir de là, le raisonnement coule comme de l'eau de source. Suivez le guide : il est nécessaire et légitime que les entreprises voient leurs profits s'accroître au maximum. Pour qu'il en soit ainsi, il est nécessaire et légitime que lesdites entreprises conquièrent des parts de marché et donc améliorent leur compétitivité. En conséquence, toute mesure permettant d'accroître cette indispensable compétitivité est légitime, quel qu'en soit le coût social. Enfin, l'Etat et la collectivité au sens le plus large sont priés de se mettre au service de la compétitivité ainsi définie. Fermez le ban.

L'expérience prouve cependant qu'un argumentaire, si adroit soit-il, ne suffit pas pour réussir un bon bourrage de crâne. Deux autres conditions doivent être impérativement réunies. La première est que le discours soit « vendu » par l'éventail politique le plus large possible : c'est le phénomène dit de l'« union sacrée ». La seconde est que les communiquants acceptent de le relayer. Le malheur a voulu que ces deux conditions soient réunies dans notre pays au début des années 80.

L'« union sacrée » naquit fin 1982, lorsque le gouvernement de la gauche unie annonça qu'il était temps de faire une « pause » dans les réformes annoncées un peu plus d'un an auparavant, après l'élection à la présidence de la République de François Mitterrand. La suite démontra qu'en fait de « pause » ou de « parenthèse », il s'agissait bel et bien d'un alignement pur et simple sur les conceptions les plus orthodoxes de l'économisme le plus borné. Ses partisans en tout cas ne s'y trompèrent pas, qui, du FMI à l'OCDE en passant par le patronat et la Bourse, saluèrent comme il se doit ce retour à la « normale ». Leur satisfaction n'eut d'égale que celle du *Nouvel Observateur* et de la « deuxième gauche » piaffant de démontrer que le parti socialiste était enfin digne d'accéder au rang envié de parti de gouvernement. Et il est vrai que par la suite le PS prouva qu'il pouvait gouverner... comme la droite et même du point de vue de cette dernière... mieux qu'elle.

D'une certaine manière, ce ralliement piteux était inscrit dans le programme de 1981. « Plus le singe monte haut, plus il montre ses fesses » (proverbe africain). A l'époque, le singe avait battu des records puisqu'il s'agissait purement et simplement de « rompre avec le capitalisme », ce qui supposait au moins que l'on ait réfléchi aux moyens d'y parvenir et par quoi on allait le remplacer. En réalité, la réflexion s'était bornée au contrôle des moyens de production et de financement, ce qui certes n'était pas rien, mais néanmoins sentait bon les années 30 et le marxisme brut de fonderie, encore que les

« révolutionnaires » de l'époque n'eussent pas jugé utile ou pertinent de nationaliser la distribution de l'eau, qui s'apparentait pourtant et s'apparente toujours à un service public...

Dans ces conditions, faire une pause plutôt que de poursuivre dans cette voie eût pu s'avérer bénéfique pour peu qu'eussent été mises en œuvre des réformes moins symboliques peut-être mais plus décisives. Les chantiers ne manquaient pas, de la fiscalité au financement de la protection sociale pour ne pas parler de la réduction et de l'aménagement du temps de travail lié à la montée en puissance des nouvelles technologies. Mais, il était dit que cette gauche-là, qui n'avait guère eu que vingt-trois ans pour se préparer au pouvoir, préférait les vieilles recettes. Ainsi, à peine avait-elle remonté le temps en procédant à des nationalisations, qu'elle se mobilisait pour rétablir les grands équilibres en commençant par bloquer les prix et les salaires, mesure dont on conviendra qu'elle était tout à la fois originale et novatrice puisque héritée entre autres d'Antoine Pinay[1].

Cette révision déchirante fut précédée d'intenses débats, non pas au Parlement (et puis quoi encore ?) mais dans les salons feutrés de l'Elysée où défilèrent « des visiteurs du soir » investis de la confiance du prince. Les chroniqueurs heureux d'être admis sur des strapontins dans ce théâtre d'ombres saluèrent le courage du prince et sa

---

1. Voir *infra*, chap. 3.

volonté de « sauver l'Europe ». L'alibi européen faisait ainsi sa première apparition. Il allait resservir. Peu après, Nicole Questiaux, ministre des Affaires sociales, qui avait osé déclarer qu'elle n'entendait pas être « le ministre des comptes » – ce qui signifiait tout simplement qu'elle souhaitait définir les objectifs avant de déterminer les moyens –, était remplacée par Pierre Bérégovoy flanqué d'un directeur de cabinet qui, comme son patron, allait faire du chemin : Jean-Charles Naouri, devenu depuis l'un de ces décideurs dont les *success stories* font saliver les médias !

En fait, au nom du rétablissement des grands équilibres dont était évidemment exclu l'emploi considéré implicitement comme *la* variable d'ajustement, la gauche – première et deuxième confondues – mettait en œuvre un de ces bons vieux plans d'austérité dont la droite est friande, tant il est vrai que sa clientèle « naturelle » en tire toujours profit..., ce qui se vérifia une fois encore. Cette capitulation, curieux mélange de conformisme et d'inintelligence, en appelait d'autres. C'est ainsi que les Français entendirent un soir « leur » président de la République déclarer dans une émission économique présentée par François de Closets – expert en abus d'acquis sociaux – que « les prélèvements obligatoires étaient trop élevés », reprenant ainsi une vieille antienne de ses adversaires politiques, sans plus s'interroger sur la nature desdits prélèvements. Regrettable absence de curiosité lorsque l'on sait qu'au-delà de leur niveau, ces fameux prélèvements présentent en France la particularité d'être beaucoup plus lourds en cotisations qu'en impôts directs, et qu'une gestion intelligente et moderne de leur diminution passait par une réduction des premières, compensée en partie par une augmentation des seconds[1]. Voilà qui était inacceptable pour les conseillers en communication ! Ce soir-là, on parla donc de baisse d'impôt...

La gauche ayant ainsi enfourché sans frémir deux des chevaux préférés des « libéraux », il lui restait pour achever sa mue et convaincre les marchés de sa bonne volonté à « réconcilier les Français avec l'entreprise ». Elle se lança dans l'aventure avec cette fougue et cette candeur qui plaisaient tant aux communiquants. Pour apprécier à sa juste valeur la pertinence de la démarche, on citera un extrait du livre de Daniel Cohen *Richesse du monde, pauvreté des nations* qui vaut son pesant d'indice CAC 40 : « Si l'on accepte tout d'abord de reconnaître que la grande usine fordiste, au sein de laquelle production et redistribution des richesses étaient faites à la fois, a vécu, il faut aussi en tirer la conclusion qu'on doit renoncer aux aides aux entreprises et se concentrer sur les aides à la personne. La France a célébré sa réconciliation avec les entreprises au plus mauvais moment : à l'heure où celles-ci abandonnaient leur fonction redistributrice pour devenir elles-mêmes la proie d'un enrichissement inégal. Il était donc inévitable que les aides accordées aux

---

1. Basculement entamé dans le budget de 1998.

entreprises tout au long des années 80 aient été consenties en vain. » Et ça vous fait rire !

Pour compléter ce Waterloo de la pensée économique, il ne restait plus qu'à « faire de Paris la plus grande place financière continentale » avec tout ce que cela suppose de facilités offertes aux opérateurs, et d'accrocher la parité du franc à celle du deutsch Mark. Au nom de quoi ? Vous avez gagné, de l'Europe !

Extraordinaire cheminement qui fait irrésistiblement penser au héros du film *Le Pont de la rivière Kwaï*, ce colonel anglais prisonnier des Japonais qui, avec ses officiers, passe de la résistance à la collaboration en construisant un pont décisif pour l'effort de guerre de l'ennemi au seul prétexte de démontrer à ses geôliers sa capacité à faire mieux qu'eux ! On en sourirait en haussant les épaules si cette débâcle idéologique n'avait, au-delà des espérances trahies, entraîné une méfiance et un rejet de l'action politique, dont le moindre des effets ne fut pas l'émergence du Front national.

Attaquons, attaquons... comme la lune !

En tout cas, du strict point de vue de la propagande, ce ralliement aussi spectaculaire qu'inattendu de la gauche aux poncifs les plus éculés de la pensée économique dominante fut accueilli comme pain béni

par la droite et plus particulièrement la droite socio-
libérale. Se trouvait ainsi accréditée l'idée qu'« une
seule politique était possible ». Le slogan était trouvé.
Le bourrage de crâne pouvait commencer pour peu
que les communiquants suivent.

C'est peu dire qu'ils suivirent. Ils accoururent en
rangs serrés. Universitaires, experts, gérants de por-
tefeuilles, analystes, conjoncturistes, patrons, faiseurs d'images, ce fut la ruée[1]. C'est que la demande
était forte. Après avoir longtemps délaissé l'économie – trop aride –, les grands médias décou-
vraient avec surprise et ravissement qu'elle pouvait
« payer », à tous les sens du terme, d'autant que le
grand public était quasiment prêt à avaler n'importe
quoi, pour peu que le n'importe quoi émane d'un
quidam estampillé expert par ceux-là mêmes qui lui
donnaient la parole.

Le phénomène fit des heureux. Dame ! imaginez
un instant le vertige dont put être saisi tel ou tel
professeur d'université, à peine connu de ses élèves,
et propulsé d'un coup au rang d'augure national !
Ou mieux encore de conseiller « occulte » des prin-
ces ! Et que dire du conjoncturiste besogneux,
appelé à commenter pour des millions d'auditeurs
ou de téléspectateurs l'évolution de la production
industrielle mensuelle de la Chine et ses effets sur
le panier de la ménagère. Quelle revanche pour

---

1. Lire dans *Le Modèle anglo-saxon en questions*, de R. Farnetti et
I. Warde (Economica, 1997), les pages sur la diffusion et les
courroies de transmission du modèle (chap. IV).

certains, quelles opportunités pour d'autres, adeptes du multicarte, et mêlant sans état d'âme excessif la vente de leur image et la défense d'intérêts très particuliers.

Cette prise en otage de l'économie par la société du spectacle nous valut donc le meilleur (rarement) et le pire. La faute à qui ? A ceux qui profèrent trop souvent approximations et contrevérités, bien sûr. Mais aussi et surtout à ceux qui prirent la responsabilité de leur donner la parole. Il en est ainsi chaque fois que les journalistes s'effacent totalement devant les experts censés apporter des éclairages ou des commentaires techniques et donc neutres ou, mieux encore, « apolitiques », le tout au nom d'une « objectivité » dont chacun sait pourtant qu'elle n'existe pas, comme le disait Hubert Beuve-Méry, l'ancien patron du *Monde*, qui souhaitait modestement que le journal qu'il dirigeait « tende vers une subjectivité désintéressée[1] ».

Au-delà, il faut bien admettre qu'il fallait un certain courage pour tenter de s'opposer à la déferlante idéologique qu'alimentaient justement la plupart de ces fameux experts, au risque d'apparaître comme un « primitif » contestant de façon arrogante *la* connaissance et d'être exclu de ce cercle de la communication qui fournit les tuyaux qui font les « vrais-faux » scoops en économie comme dans d'autres domaines.

Le journalisme y perdit peut-être ce qui lui restait

---

1. Propos tenus à l'un des auteurs.

d'âme : « Dans ce monde globaliste et totalitaire, dans l'actuel univers globalitaire, pouvons-nous encore, journalistes et intellectuels, jouer un rôle de contre-pouvoir, de voix des sans-voix ? Réconforter ceux qui vivent dans l'affliction et affliger ceux qui vivent dans le confort ? Faire tout cela et davantage quand certains de nous – souvent les plus puissants et les plus présents à l'antenne – appartiennent déjà tout autant à la classe dirigeante que l'élite des affaires elle-même ? Question nécessaire, réponse inévitable : il nous est de plus en plus difficile de faire ce que nous devons. Consciemment ou non, nous sommes souvent les appariteurs de l'ordre et les ventriloques de l'injustice [1]... »

L'imposture de la communication est d'associer la modernité au libre-échange (contient le mot liberté), à la déréglementation (contient une pincée d'« anarchie »). A l'inverse l'Etat-providence serait le passé, l'archaïsme, comme le droit du travail ; les syndicats seraient conservateurs, car corporatistes ou représentants d'intérêts catégoriels (par opposition à l'« universalité » du marché...). Quant à la « nation », horreur, elle contient le mot nationalisme, alors que la mondialisation serait la planète enfin unifiée, tous à la même enseigne, le mineur de Colombie et le yuppie de Londres ou New York...

En fait, aujourd'hui, être moderne c'est oser entrer en dissidence, c'est oser dire que le libre-échange asservit, que la concurrence tue la liberté,

---

1. Serge Halimi, dans *Le Monde diplomatique*, juin 1997.

que la mondialisation économique est une imposture égalitaire, qu'à la dictature policière de l'Est se
substituent la brutalité des marchés et la tyrannie des
financiers. C'est oser dire que la « modernité » du
libéralisme est la chose la plus brutale, ringarde, pas-
séiste, archaïque, réactionnaire et surtout la plus
sinistrement banale et la mieux connue du monde ;
celle qui prolétarisa les êtres humains dans les heures
les plus noires de ce qu'il faut bien appeler à nouveau
par son nom : le capitalisme.

De Déroulède à Tartuffe

Incontestable fut l'apport des médias dominants
à l'offensive obstinée que mène depuis des lustres
ce que l'on nommera ici par commodité le « parti
de la guerre ». Que ledit parti soit de surcroît par-
venu à se parer des plumes de la modernité est sans
doute sa performance la plus remarquable. Réussir
à repasser les vieux plats du conservatisme et de la
bonne vieille accumulation capitalistique, sous l'inti-
tulé « flexibilité allégée », tient du prodige.

Porteur autoproclamé de la modernité, le « parti
de la guerre » est donc « naturellement » en charge
de notre futur. La voie qu'il nous propose est la seule
capable de nous offrir une issue honorable pour peu

que nous consentions aux efforts « légitimes » qui nous sont demandés.

Entre nous, ce discours ne rappelle-t-il pas quelque chose ? Allons, souvenez-vous ! « Les lendemains qui chantent », « L'avenir radieux », « Le sens de l'histoire », « Les camarades ». Vous y êtes ? Après tout, ce n'est pas si vieux, même si cela ne nous rajeunit pas. Mêmes anathèmes contre « l'ennemi » – la bourgeoisie hier, l'Etat et les fonctionnaires aujourd'hui –, mêmes certitudes fondées sur des batteries statistiques et autres analyses « scientifiques » et donc par nature incontestables. Rien n'y manque, pas même les sympathisants et les compagnons de route, pour ne pas parler de l'exaltation des réussites « exemplaires » (oui, « exemplaires ») de certains pays présentés comme des modèles de référence, ainsi que le fut en d'autres temps la « patrie des travailleurs ».

Excessif ? Pour ne prendre que ce seul exemple, souvenez-vous de ce qui fut dit ou plutôt psalmodié sur la Grande-Bretagne à l'occasion des dernières élections générales. Souvenez-vous de l'extraordinaire opération de mystification qui consista à masquer la forêt de la réalité économique et sociale de ce pays derrière l'arbre de la baisse spectaculaire des statistiques du chômage [1].

---

1. Cf. « "Les invalides" anglais dégonflent le chiffre du chômage. Polémique sur le "miracle" de l'emploi en Grande-Bretagne », *Libération*, 19 septembre 1997. Voir également *infra*, chap. 4.

Il est vrai qu'on en a lu et entendu d'autres tant la propagande du « parti de la guerre » est diverse. C'est que ledit parti est lui-même composite. On y trouve de tout : des conservateurs bon teint, des libéraux ultras ou non, des libéraux de gauche, des libéraux-sociaux, des sociaux-libéraux, d'ex-gauchistes reconvertis dans les affaires, des socialistes modernes, des chrétiens-sociaux, des démocrates de progrès, bref, un large panel allant des « Déroulède » aux « Tartuffe » en passant par les « malgré nous » et les girouettes dont on sait depuis Edgar Faure, ravi d'en être, que ce ne sont pas elles qui tournent mais le vent.

Pour autant, on ne saurait attendre de ces gros bataillons de bourreurs de crânes qu'ils annoncent clairement la couleur. Normal, tant on voit mal les plus convaincus d'entre eux oser dire qu'il s'agit en fait d'appauvrir le plus grand nombre pour le plus grand profit de quelques-uns, en assurant la survie plus ou moins confortable des « personnels », comme disent les militaires, nécessaires au bon fonctionnement de la machine, lesdits personnels étant regroupés sous l'appellation sympathique de « classe moyenne ». Invendable et, pis encore, démobilisateur. Après tout, les poilus de 1914 ne sont pas partis au massacre avec une feuille de route signée Schneider ou Wendel mais pour reconquérir l'Alsace-Lorraine, ce qui, on en conviendra, avait une autre allure. La leçon a été retenue et le « parti de la guerre », faute d'avoir trouvé son Alsace-Lorraine, fait sinon dans la nuance, du moins dans

51

l'évocation. C'est ainsi que sa fraction « droitière » cherche à vendre un projet de société fondé sur « la liberté et la responsabilité », dans le même temps où son aile « progressiste » (*sic*) s'efforce de convaincre de sa capacité à introduire dans un modèle, certes efficace et moderne mais un peu rude quand même, une « dimension sociale ».

Le slogan « Liberté et responsabilité » est assez bien venu. Il a en premier lieu le mérite d'éviter les « grossièretés » du genre « égalité » ou « solidarité » dont on sait dans quel abîme elles ont failli nous entraîner ! De surcroît, la formule est suggestive, du moins en creux. Car, s'il nous faut devenir « libres et responsables », c'est que nous ne le sommes pas. Et pourquoi ne le sommes-nous pas ? D'abord à cause de l'Etat dont chacun sait et sent qu'il est liberticide – ne serait-ce qu'au travers du pouvoir excessif dont disposent « ses » fonctionnaires, par nature irresponsables et incompétents –, mais plus généralement à cause de tout ce qui de près ou de loin est lié à une démarche collective qui, par essence, conduit à la déplorable condition d'assisté dans laquelle se vautrent avec délectation une part non négligeable de ces pauvres et autres exclus qui, s'ils se prenaient en main, bref...

« Basse noble » et ténor léger

Pour interpréter cette partition, le « parti de la guerre » dispose de quelques vedettes dont l'une des plus performantes est sans conteste Raymond Barre, inappréciable dans le rôle de la « basse noble ». Le rôle lui va comme un gant. D'abord parce qu'il s'est fait une spécialité de la défense et de l'illustration du « serrage de vis » tous azimuts. Ensuite, parce qu'il aime à tancer et ne se trouve jamais aussi à l'aise que dans la posture de donneur de leçons. Peut-être faut-il voir là un penchant hérité de l'époque lointaine où il enseignait l'économie, et produisait un ouvrage aussi volumineux que banal, sur lequel plancha une génération d'étudiants dont on imagine l'idée qu'ils peuvent se faire de la « modernité » ! Quoi qu'il en soit, Raymond Barre tance la classe politique, réduite au « microcosme », le peuple accroché à ses privilèges, et plus généralement la société française qui se vautre dans la « sensiblerie sociale ». Venant de tout autre, de tels propos seraient considérés pour ce qu'ils sont, l'expression d'un représentant de la bonne vieille droite réactionnaire, animateur zélé du « symposium de Davos » qui chaque année, passez-nous l'expression, réunit l'Internationale du fric. Mais voilà, Raymond Barre bénéficie du statut d'« expert impartial » au prétexte qu'il lui arriva souvent d'approuver des mesures prises par les socialistes à l'époque où ils démontraient qu'ils pouvaient faire « mieux » que la droite, mieux en tout cas que le Premier ministre de Valéry Giscard d'Estaing qu'il avait été pendant cinq longues années !

Outre cette grande « basse noble », dont on ne voit pas pourquoi elle ne continuerait pas d'occuper les tréteaux pendant encore longtemps, le « parti de la guerre » dispose depuis peu d'un ténor léger plein de promesses : Alain Madelin. A l'inverse de Raymond Barre, sacré « meilleur économiste de France » par celui-là même qui lui avait confié la responsabilité du gouvernement, Alain Madelin n'appartient pas au sérail. Son intérêt pour l'économie n'a rien d'universitaire. Militant anticommuniste déterminé, il s'est « naturellement » tourné vers le libéralisme économique avec cette fougue qui le caractérise et qu'ont pu mesurer parfois physiquement ses ennemis politiques à l'époque où il militait dans le groupuscule d'extrême droite Occident. Cette trajectoire, qui n'étonnera que ceux qui n'ont retenu du programme du Front national que son seul volet « protectionnisme », a fait de lui le leader incontesté des « néolibéraux ».

C'est peu dire qu'il assume ce rôle parfaitement. Il le revendique au point de ne pas hésiter à se poser en théoricien disciple de Hayek, son maître à penser, et en fervent partisan du marché qu'il n'est pas loin de considérer comme l'expression la plus achevée de la démocratie. Peu lui chaut d'être affublé du costume d'ultralibéral, tant il est convaincu que dans ce domaine, pas plus que dans les autres, on ne saurait être tiède. Admirateur de Margaret That- cher, dont le destin le fait sans doute rêver, il en a retenu les leçons et flatte, outre le patronat, le petit monde des entrepreneurs individuels de tout poil qui firent la fortune de la Dame de Fer, en dénon- çant pêle-mêle l'Etat, l'impôt et les réglementations qui entravent les « forces vives » de notre cher pays. Car Alain Madelin a le sens de la formule, à défaut d'avoir celui de la nuance. Ainsi, c'est à lui que l'on doit un fameux « l'Irlande a l'IRA, l'Espagne a l'ETA, la France a l'ENA », dont on peut penser qu'il fit sourire le pourfendeur de l'« établissement ». C'est à lui également que l'on doit « la panne de l'ascenseur social » dont il ne dira évidemment jamais que dans son esprit, il dessert un gigantesque gratte-ciel et de nombreux sous-sols...

Outre qu'il dit tout haut ce que beaucoup sou- haitent tout bas, Alain Madelin offre à la droite dite modérée l'avantage de faire un « grand méchant loup » très présentable, lui permettant ainsi d'appa- raître comme un rempart contre les excès de l'ultra- libéralisme et surtout de vendre un « libéralisme humain », appelé aussi « libéralisme social », à ne pas confondre avec le « social-libéralisme » plutôt de gauche !

En réalité, le « parti de la guerre » vend le même produit sous des marques différentes. Le triomphe du néolibéralisme étant acquis, il s'agit toujours de « s'adapter à la nouvelle donne » pour reprendre la phraséologie officielle, c'est-à-dire en clair de plier devant la dictature des marchés, de s'insérer tant bien que mal dans le processus de mondialisation tel qu'il est engagé, de déréguler au maximum le marché du travail en y introduisant une plus grande « flexibilité » qui revient à faire dudit travail une marchandise comme les autres, dont le prix serait fixé par « un patron libre et un salarié libre », et de limiter le rôle de l'Etat à ses « fonctions régaliennes » – la défense, la police, la justice (encore que !) – comme si l'explosion de la misère et de l'exclusion ne faisait pas peser de menace sur l'ordre public !

Seuls le discours et la méthode changent. Celle des modérés est plus douce : pas d'amputation sans anesthésie. Le but est de convaincre et, autant que faire se peut, de négocier des « réformes » qui sont le plus souvent des reculs présentés comme un moindre mal. Le discours se veut modeste, le regard plus attentif, on n'ose écrire charitable, même s'il est significatif que le poste de ministre des Affaires sociales ait été souvent confié à des démocrates-chrétiens, nouveaux saint Sébastien du libéralisme, dont l'un des leaders et non le moindre puisqu'il s'agit de François Bayrou s'exprime ainsi : « Le libéralisme a trouvé son accomplissement dans le mondialisme. On croyait que la planète deviendrait un village, elle est devenue une foire. Tout s'y achète et tout s'y vend, sans aucune considération de circonstances particulières, sans aucun autre souci que celui de l'intérêt. Une seule chose compte, une seule au moment de l'arbitrage : que l'argent rapporte de l'argent. Nous sommes une société libérale (...). Mais la société libérale est un outil au service d'une civilisation, elle n'est pas une fin en soi. Et lorsqu'elle est présentée comme telle, on atteint l'absurde. » On rappellera pour mémoire que François Bayrou appartient à l'UDF, la même formation politique... qu'Alain Madelin.

Bill, Tony, Lionel...

La gauche (moderne, libérale, deuxième, réaliste, de gouvernement, on en passe) n'est guère mieux lotie. Faute d'être en mesure de présenter une alternative crédible, elle se trouve contrainte de s'adapter, non pas aux transformations considérables qui secouent la planète, mais bel et bien au modèle dominant. A dire vrai, cette perspective ne désespère pas toutes ses composantes. C'est Alain Minc (encore !), « libéral de gauche », qui déclarait : « La gauche est devenue tardivement social-démocrate et keynésienne alors que tout l'environnement aurait dû la pousser à devenir libérale de gauche comme ses congénères[1]. » N'y aurait-il qu'Alain Minc pour

---

1. *L'Evénement du jeudi*, 11 juillet 1997. Et on peut craindre que le Premier ministre socialiste n'en fasse à son tour son credo, qui déclare, lors du 70ᵉ sommet franco-allemand à Weimar : « La

défendre ce point de vue qu'on ne s'inquiéterait pas. Mais ce n'est, hélas ! pas le cas. Souvenez-vous par exemple du triomphe que fit à Tony Blair *Le Nouvel Observateur*, grand hebdomadaire de gauche s'il en est. Triomphe au demeurant mérité tant ce travailliste-là est « moderne », lui qui déclarait aux syndicats britanniques : « Nous préserverons la flexibilité actuelle du marché du travail même si cela fait frissonner certains. » Frissonnons. Et de conclure : « Nous ne retournerons pas à l'époque de la guerre sociale, des grèves sans vote et des piquets de grève sauvage. Je ne le tolérerai pas [1]... » Le modèle anglais est décidément en de bonnes mains.

Pour le « parti de la guerre », l'émergence d'un Tony Blair est une véritable bénédiction. Ce Premier ministre a en effet compris que la politique économique ne figurait pas dans le champ de ses responsabilités, et qu'il lui était simplement demandé de veiller à ne pas entraver la loi du marché et de livrer au patronat des salariés désarmés et disponibles, bref, « flexibles », le reste étant du ressort des

---

Banque centrale européenne sera indépendante. Nous avons intégré l'idée, qui n'était pas familière aux Français, de l'indépendance de la Banque centrale, la nôtre et la Banque centrale européenne. Nous l'avons intégrée dans notre culture économique », *Le Monde*, 21-22 septembre 1997. Culture économique ! Pauvre Vincent Auriol, il doit se retourner dans sa tombe, non loin de Cintegabelle, lui qui clamait, au temps du Cartel des gauches : « Les banques je les ferme, les banquiers je les enferme ! »

1. Voir également : « Tony Blair bâtira le plein-emploi sur les ruines de l'Etat-providence », *La Tribune*, 30 septembre 1997.

experts que sont par nature les chefs d'entreprise et les banquiers centraux.

Ce partage du travail existe déjà aux Etats-Unis, où un président « moderne » et de gauche – présenté par des observateurs particulièrement lucides comme le successeur de F. D. Roosevelt (celui qui inventa le New Deal et le retour en force de l'Etat dans l'économie) – a été réélu triomphalement. Cette réélection mérite que l'on y revienne un moment, ne serait-ce que pour souligner que le mérite en revient pour l'essentiel à un homme dont le nom ne fut guère évoqué à l'époque ; il s'agit d'Alan Greenspan qui préside aux destinées de la Réserve fédérale (la Fed), l'équivalent de notre Banque de France. Que les mainates de l'information n'aient pas jugé bon de lui rendre l'hommage qui lui était dû n'est pas surprenant. Le faire les eût en effet contraints à fournir au public une information de taille : on peut être banquier central sans être stupidement dogmatique. On peut par exemple ramener le taux de l'escompte à un niveau proche de zéro, pour relancer la croissance et plus encore sauver un système bancaire sinistré par la spéculation immobilière en lui permettant d'emprunter pour rien et de reprêter à l'Etat à un taux rémunérateur, ce qui revient à faire supporter à la collectivité les errements bancaires. On peut aussi jouer du niveau de sa monnaie, en l'occurrence le dollar, au gré de ses objectifs économiques. On peut encore se moquer comme de l'an 40 du déficit commercial pourtant présenté par les experts comme un indice de compétitivité décisif ! On peut même injecter suffisamment de liquidités pour annihiler un krach en 1987 ! Bref, on peut être un anti-Trichet.

Cette parenthèse (américaine) refermée, il demeure qu'on peut faire confiance au « parti de la guerre » pour mettre la pression sur le thème « Blair l'a fait, vous pouvez le faire », notamment en France où la gauche, en dépit de ses reniements, semble encore agitée de quelques soubresauts « archaïques ». La question en l'occurrence n'est pas de savoir si ladite gauche « veut » résister mais si elle le « peut » après avoir fait du respect des grands équilibres la pierre angulaire de sa politique et du franc fort sa religion monétaire, après avoir surtout initié et porté sur les fonts baptismaux un traité de Maastricht auquel elle se fait fort d'ajouter un « volet social ».

Le coup du « volet social » n'est pas triste. Qu'à la veille du troisième millénaire on en soit réduit à « faire du social » est effectivement « moderne » ! Comme si l'emploi, le niveau des salaires, celui de la protection sociale ou la rénovation des banlieues, pour ne citer que ces exemples, ne devraient pas être des exigences prioritaires de toute politique économique ! Mais, fini, ça ! Pas moderne, archaïque ! L'heure est au découplement entre l'économique et le social devenu un sous-produit du marché. Le « paradis perdu » retrouvé pour les néolibéraux, dont les parents avaient été contraints d'accepter des compromis jamais digérés. Il s'agit bien, sous prétexte de « faire du social », d'entériner ce découplage et de convaincre ceux qui participent au festin d'avoir la bonté de ne pas ramasser les miettes et les os tombés de la table afin de pouvoir les redistribuer de manière « équitable ». S'ouvrent ainsi de sérieuses possibilités de développement pour des « emplois de proximité » destinés aux nouvelles dames patronnesses, dont on peut de surcroît penser – tradition oblige – qu'elles exerceront leurs activités à titre gracieux, et donc qu'elles ne seront pas à la « charge du contribuable ». Après tout, Michel Charasse, qui fut un grand ministre du Budget de gauche, ne dédaignait pas d'honorer de sa présence des Restos du cœur...

Les nouveaux croisés du social se défendent d'un modeste rôle, en soulignant que si les marges de manœuvre sont limitées au plan national, il n'en va pas de même au plan européen et que là « on va voir ce qu'on va voir ».

La Berezina européenne

Le drame, c'est qu'on a vu et qu'on voit ! En écrivant cette phrase, les auteurs ont conscience du crime qu'ils commettent en s'attaquant à une vache sacrée avec tous les risques d'excommunication qu'un tel sacrilège entraîne. Car on ne rit pas avec l'Europe. C'est un sujet sérieux, mieux que cela, une idée, mieux encore, un rêve, et, de plus, accessible.

61

Critiquer l'Europe, remettre en cause la manière dont elle a été construite, s'interroger sur le sens des décisions qui sont prises en son nom, c'est cracher au visage des « pères fondateurs », c'est jeter à bas quarante ans d'efforts ininterrompus, c'est briser l'espérance. « Sainte, sainte, sainte est l'Europe », chantent ses adorateurs, et malheur aux mécréants qui en doutent et osent penser qu'elle a bel et bien choisi le « parti de la guerre » ; ce qui est pourtant le cas, et depuis belle lurette.

Les preuves ne manquent pas, à commencer par le fameux Acte unique qui, entre autres, libérait totalement la circulation des capitaux et entraîna non pas une taxation de l'épargne comme il était initialement prévu, mais bel et bien une course à la défiscalisation pour le plus grand bonheur des rentiers. Le « pacte de stabilité » qui accompagnera la naissance de l'euro n'est pas mal non plus, qui cadenasse pour une durée indéterminée la politique macroéconomique de l'Europe, sous le regard sourcilleux d'une Banque centrale « indépendante » (de qui ?) dont il est évident qu'elle a peu de chances d'être dirigée par un émule d'Alan Greenspan.

Plus simplement, il suffit d'écouter ou de lire les propos des responsables européens pour constater que leur objectif n'est pas de tenter de préserver un modèle original mais bel et bien de faire « la guerre économique » en commençant par la guerre civile. L'Europe telle qu'elle se construit ne remet pas en cause la mondialisation « sauvage ». Au contraire, elle y participe ne serait-ce qu'au travers de l'Organisation mondiale du commerce dont chacun sait les intérêts qu'elle défend, au nom de la libéralisation des échanges. De même, l'Europe ne semble guère tentée de résister au « totalitarisme » (*sic,* Alain Minc) des marchés. Elle préfère les séduire[1]. C'est la même Europe encore qui, au nom sans doute de sa neutralité idéologique, remet en cause la notion même de service public, et fait des privatisations une priorité absolue. C'est enfin cette même Europe qui s'interroge gravement sur la rigidité du marché du travail dont « souffre » le vieux continent, et le poids insupportable – bien sûr : insupportable – de la protection sociale collective. De là à penser que l'Europe de Maastricht est devenue un cheval de Troie qui permettra de liquider les quelques îlots de résistance qui freinent encore le processus de globalisation, il n'y a qu'un pas qu'il faut franchir.

Ecrire cela, c'est constater une dérive dont on peut se demander où elle s'arrêtera. Ce n'est pas injurier les « pères fondateurs » dont on peut imaginer par parenthèse la tête qu'ils feraient en découvrant ce que leurs successeurs ont fait de leur bébé ! Ce n'est pas non plus condamner l'idée d'une union européenne née au lendemain de la Seconde Guerre mondiale qui pouvait alors effectivement être porteuse d'espérances. Car, il est vrai que

---

1. A commencer par le commissaire à la concurrence, Karl Van Miert, « socialiste » qui a succédé au libéral obsessionnel et anglais Leon Brittan.

l'Europe unie était en mesure de bâtir un modèle original. Il est vrai aussi qu'elle n'a pas poursuivi dans cette direction lorsque les choses sont devenues plus difficiles du fait de l'accélération de la mondialisation, de la montée en puissance des marchés financiers et de l'émergence des technologies de la communication, sans oublier l'effondrement du communisme. La faute à qui ? « Aux technocrates de Bruxelles auxquels les politiques ont par trop laissé la bride sur le cou », clament certains. Imbécillité notoire qui a néanmoins permis d'éviter le seul vrai débat qui vaille, à savoir celui qui porterait sur les avantages et les inconvénients du système capitaliste.

Encore une grossièreté. Car le capitalisme bénéficie aujourd'hui du même statut que l'Europe : celui de vache sacrée. N'a-t-il pas écrasé son ennemi communiste déconsidéré à juste titre ? N'a-t-il pas fait l'éclatante démonstration de sa souplesse et de sa capacité d'adaptation ? N'a-t-il pas, ce faisant, acquis un passeport pour l'éternité ? Un retour aux sources, la « fin de l'histoire » à l'envers en quelque sorte. Et puis oser s'interroger sur le capitalisme, voire remettre en cause sa pérenne légitimité, n'est-ce pas s'avouer nostalgique du « paradis socialiste » ? En tout cas, la question n'est jamais abordée, du moins de front, les critiques les plus audacieux se contentent d'évoquer les ravages causés par le « pancapitalisme » ou « le capitalisme sauvage ». Ceux-là espèrent sans doute domestiquer la « bête » comme elle le fut un temps lorsqu'elle subissait la

64

double pression des revendications sociales qui, à l'époque, apparaissaient aussi justifiées que « modernes », et de l'attrait qu'exerçait « la patrie des travailleurs ». Cette double pression ayant disparu du fait de l'explosion du chômage et de l'effondrement d'un modèle aussi inefficace que honni parce que tyrannique, on souhaite bien du plaisir aux apprentis dompteurs ! Mais sait-on jamais ? Peut-être parviendra-t-on demain ou plus tard à maîtriser les multinationales et les marchés et à faire reculer toute forme d'intervention collective, à commencer par celle de l'Etat, sans remettre en cause les fondements mêmes du capitalisme ! Pour l'heure, il prospère et se nourrit de la guerre civile mondiale avec la complicité de ses serviteurs zélés ou résignés !

2

L'arme de la mondialisation

Sentez-vous l'haleine du Thaïlandais sur votre nuque ? Entendez-vous, dans nos campagnes, mugir le Chinois ? Ne parlons pas du Coréen, du Polonais et bientôt du Marocain... Faudra se méfier bientôt de l'Africain du Sud... Oui, le monde est ouvert. Celui que je croyais à des milliers de kilomètres est mon proche voisin, qui vient renifler mon boulot. Depuis la chute du Mur, la mondialisation à la mode néolibérale est en marche. La merveilleuse mondialisation, avec les bouquets numériques, l'explosion de la communication, les marchés financiers en continu, la Bourse sur Internet, et tous les paradis, surtout fiscaux, à tous les coins de rue.

La mondialisation... Un gaz euphorisant. L'alcool qu'on distribuait dans les tranchées. Un beau mot en tout cas, qui évoque la citoyenneté mondiale.

Citoyens du monde ? Qui plus que les auteurs de ce livre se sentent citoyens du monde, partout sur la boule bleue ? Mais la mondialisation racontée par les libéraux, ce n'est pas la liberté, l'égalité et la fraternité du Turc et du Kurde, du Palestinien et de l'Israélien, ou du Chinois et de l'Africain, c'est le contraire : c'est l'asservissement et la guerre des uns contre les autres.

Le destin

La mondialisation sauce libérale est une des figures de la guerre économique comme destin. Une manière de dire « la guerre économique perpétuelle est votre *fatum* ». Destin oppressant. Pression inexorable. Attaque perpétuellement renouvelée. La mondialisation est une volée incessante de coups de fouet ou de baïonnette dans le dos pour nous faire avancer. Nous sommes dans la bataille de la mondialisation. Il faut vaincre ou mourir. Ou les deux.

La « crise », c'était un peu ringard. Dans les années 80, les patrons avaient récupéré le terme des prophètes de l'inexorable crise du capitalisme pour le crier encore plus fort : « Oui ! Bonne idée ! La crise comme vous dites ! C'est pas nous qui vous licencions, c'est la crise ! » Mais la crise – ça sert toujours : vous trouverez toujours un patron ou un homme politique pour vous agiter la crise avec votre feuille de route –, ça faisait un peu défaitiste. Tandis que la « mondialisation »... Ah ! la Terre... Et bientôt la galaxie ! Et bientôt l'univers ! En voilà de l'avenir. Du progrès inéluctable. De l'optimisme. Du développement bienfaisant. De la grotte au village, puis à la ville, puis à la nation, puis au monde. Le village mondial, banal, ennuyeux et contrôlé comme un village au fond, où tout se sait sur tout le monde à tout moment, avec le radotage généralisé de la télé, forme suprême du commérage, mais que voulez-vous ? c'est la mondialisation... Le village mondial avec son idiot et son ravi, Minc et Sorman. Vous ne voudriez pas revenir à l'âge des cavernes tout de même ? Au temps où la forêt s'appelait le monde, comme pour les tribus d'Amazonie ? Vous êtes mieux que les Indiens ? Oui ? Alors, à l'attaque ! Le monde est à vous. De toute façon, c'est la vie : vos jeans vendus par des commerciaux français se fabriquent en Tunisie, avec des machines montées par des ordinateurs faits en Corée, programmées par des ingénieurs pakistanais.

La mondialisation est inéluctable. Comme la dérive des continents. Peu importe qu'elle progresse sous l'effet de changements institutionnels soigneusement programmés dans les institutions spécialisées dans la déréglementation comme l'OMC ou la Commission européenne.

Si vous êtes contre la mondialisation vous êtes contre l'international. Humains d'abord, tous unis. Allons camarades, c'est pas vous qui allez être contre l'abolition des frontières, non ? Tous pareils, et d'abord tous macdonaldisés avec une pincée de sit-com à rires préenregistrés en guise de culture. On bosse et on rit aux ordres[1].

---

1. Les rires préenregistrés sont les anciens applaudissements obligatoires des congrès des partis communistes des pays de l'Est,

Ah Dieu ! que la guerre économique est jolie !

La mondialisation, comble de la modernité ! Mais on rêve ou quoi ? On n'a jamais lu Marx, qui envisageait déjà un monopole mondial dans chaque branche industrielle, et la conquête par la bourgeoisie et le marché de toute activité humaine, de tout interstice de la vie ? La mercantilisation de tout ce qui existe dans un espace planétaire totalement unifié ? On ne sait pas – Marx encore – que le capitalisme uniformise le monde avant de le détruire, à moins qu'il ne disparaisse lui-même au terme de cette unification ? Jamais lu Braudel, qui conte que le capital fut toujours international, apatride, sans frontières, sans âme et sans émois, financier avant que d'être industriel ? Qu'est-ce que c'est que cette redécouverte de l'eau chaude ?

D'abord, la mondialisation n'est pas celle des échanges, ce qu'on voudrait nous faire croire (« le commerce qui libère les peuples et les rend pacifiques, etc. »), mais celle des opérations du capital, tant sous sa forme industrielle que financière[1]. 40 % du commerce mondial est le fait d'échanges intra-groupes[2]. Au cours des décennies 80 et 90, la croissance des échanges de marchandises s'est faite à une allure modeste, en tout cas inférieure à celle des décennies 60 et 70, mais surtout très inférieure à la

---

en trois temps : « Applaudissements, applaudissements nourris, applaudissements nourris et tout le monde se lève. »

1. Voir François Chesnais, « Mondialisation du capital et régime d'accumulation à domination financière », dans *Misère de la mondialisation, AGONE*, 16, 1996, pp. 15-39.

2. Maison mère et filiales, filiales entre elles, etc.

croissance des investissements directs à l'étranger (IDE) et à celle des revenus du capital, sans parler de celle des investissements de portefeuille sur les marchés financiers.

Oui, le capital passe les frontières... La belle affaire ! La limite du marché c'est le monde. En attendant de commercer avec les martiens. Les Phéniciens et les Grecs le savaient, qui inventèrent l'assurance, concept que n'ont jamais dépassé et ne dépasseront jamais tous les marchés dérivés ou dérivés de dérivés. La mondialisation est la tarte à la crème que les salariés prennent en pleine poire, à peine digérés les pépins de la crise. En d'autres temps on les mena au front au nom des femmes et des compagnes bientôt égorgées, maintenant on les entasse dans des aéroports avec téléphones et ordinateurs portables pour les uns, devant les ANPE pour les autres, au nom de la mondialisation.

Mais c'est inexorable, n'est-ce pas ? Le monde change, il faut changer. Il faut s'a-dap-ter. « Les Français sont-ils conscients des défis qu'apporte à leur pays et à eux-mêmes le caractère global et *inexorable* de la compétition présente et à venir[1] ? » sermonne Raymond Barre du haut des pantoufles du haut fonctionnaire qu'il a toujours été. Et il ajoute : « Gardons-nous de ces accès de sensiblerie sociale ! » On ne va pas pleurnicher sur le champ d'honneur, pas vrai ?

Le plus sinistre, dans ce message fataliste, c'est

---

1. Dans sa lettre mensuelle *Faits et Arguments*, septembre 1994 (souligné par nous).

qu'« il se donne les allures d'un message de libération », en jouant sur les mots libéralisme, liberté,
réforme, dérégulation, « pour présenter une restau-
ration comme une révolution[1] ». Présenter le
modèle libéral du XIXe, Bécassine et *Germinal*,
comme une victoire du progrès, chapeau !

La faute aux pauvres !

Autrefois le capital était stable, localisé près des
mines, et les travailleurs se déplaçaient pour se faire
exploiter. Des générations de paysans allaient, qui à
Lille, qui à Saint-Etienne, qui à Carmaux. Autour des
mines se construisaient des laminoirs et des hauts
fourneaux. Et les bataillons de péquenots affluaient.
Allaient au charbon pères et fils, les fils mis au boulot
par les pères d'ailleurs, qui récupéraient la paye.

Maintenant le capital va chercher ses soldats. Il se
déplace. Il s'installe auprès de la main-d'œuvre bon
marché.

Le problème, c'est qu'il n'a plus tellement besoin
de main-d'œuvre... La concurrence des pays émergents est une sornette. Les pays où prospère le quasi-
esclavagisme concurrencent un pays comme la
France à hauteur de 3 % de son PIB, guère plus.

---

1. Pierre Bourdieu, dans *Le Monde diplomatique*, septembre
1997.

Mais qu'il est bon de menacer le Français du Thaïlandais ! Bosse en silence ou j'envoie fabriquer tes
voitures en Corée ! Chôme sans broncher ou
j'appelle l'Arabe[1] ! Pas de boulot, mais c'est pas
notre faute, c'est... la faute aux pauvres. Aux plus
pauvres que vous.

La délocalisation des activités, phénomène
mineur dans une économie qui est devenue une
économie de services (et la France est plutôt en
avance sur ce point[2]), brièvement honteuse, fut très
vite agitée comme un épouvantail, puis comme une
menace par ceux qui d'ailleurs n'eurent jamais
l'intention de délocaliser. Il est un proverbe économique jamais démenti : pour faire de l'argent,
mieux vaut commercer avec ceux qui en ont. Il vaut
mieux vendre à Rothschild qu'au malheureux du
coin. Le commerce avec les pays sous-développés n'a

---

1. Et on alla le chercher... En 1945, la France organise l'immigration sous l'égide publique de l'Office national d'immigration.
Il s'agit d'une immigration à des fins natalistes autant qu'économiques. On souhaite repeupler la France, tablant sur la plus forte
fécondité des immigrés. A partir de 1962, l'immigration est privée, et elle le reste jusqu'à aujourd'hui. Le bâtiment et le textile
en sont les fers de lance, l'automobile en engrange pas mal aussi,
sur des chaînes qui ressemblent à des chiourmes. Au début du
septennat Giscard d'Estaing, l'immigration est stoppée. Depuis,
les lois sur l'immigration n'ont cessé de limiter les entrées.
Cf. Georges Tapinos, *Eléments de démographie*, Armand Colin, 1985.
2. Par rapport à l'Allemagne, par exemple, pays encore relativement industriel. Les services représentent 70 % du PIB en
France (assurances, banques, avocats, journalistes, santé, tourisme, loisirs, transports ; sur tous ces points, les pays émergents
sont encore très émergents).

jamais rapporté grand-chose, d'autant qu'il n'a jamais vraiment existé. Une entreprise qui exploite un gisement pétrolier en Afrique ne « commerce » pas avec ce pays, mais profite d'une avancée technologique et d'une protection militaire pour le piller. Le commerce de la France, lui, se fait avec les riches : l'Allemagne, le Japon, l'Amérique [1]. Et de toute façon, il s'agit d'un commerce intrabranches : des Peugeot contre des Volkswagen.

La mondialisation engendre essentiellement la concurrence entre pays riches, même si les pays émergents profitent des petites mains de leurs petits esclaves pour assembler des pièces conçues par des ingénieurs des pays riches. Que la concurrence se situe aussi au niveau des ingénieurs est vrai, mais marginal ; elle menace l'ingénieur à peu près autant

---

1. Le thème de la colonisation qui aurait fait le bonheur des nations impérialistes est bien entendu une foutaise. La France qui, après 1882, avec les accords protectionnistes Méline, choisit de se replier sur les colonies fait le mauvais choix. La croissance française stagne, alors que celle de l'Allemagne, qui a la chance de ne pas avoir un empire ruineux, augmente rapidement. Lire sur ce point l'excellent ouvrage de Paul Bairoch, *Des mythes et paradoxes de l'histoire économique*, La Découverte, 1994.

On remarquera que les pays dont le commerce extérieur fut historiquement très excédentaire sont l'Allemagne et le Japon, pays sans colonies. Quant à l'excédent du commerce extérieur français, une fois ôtés les échanges avec les DOM-TOM, les subventions diverses à l'agriculture, l'excédent dû à la chute des importations et à la réduction des parts de marchés des entreprises françaises (notamment automobiles), les échanges intrafirmes (entre 50 et 70 % du « commerce » extérieur), il n'en reste plus grand-chose.

que l'immigré la rombière du XVIᵉ ; Pechiney embauche toujours le centralien ou le gadzart plutôt que le Pakistanais docteur de Columbia. Qui plus est, l'industrie, qui porte la croissance des pays émergents et porta celle des pays d'Europe face à l'Amérique dans les années 50, est un secteur en voie de résorption contrairement au tertiaire. Il faudra quelques lustres avant que les avocats pakistanais soient compétitifs face aux *lawyers* américains, alors que les avocats d'affaires anglo-saxons sont déjà en train de s'associer, après un simulacre de concurrence, aux avocats d'affaires français.

Le retour au capitalisme sauvage

Qu'est donc la mondialisation, si elle n'est pas un accroissement du commerce international ? Voici. Elle est le retour à des situations d'impunité, d'opacité et d'illégalité que connaissait le capitalisme d'avant et d'entre les deux guerres et qu'il est en train de redécouvrir suite au sabordage des Etats-nations initié par ces deux docteurs Folamour que furent Ronald Reagan et Margaret Thatcher. L'une des grandes forces des propagandistes de la mondialisation comme manifestation du Saint-Esprit fut, insistons, d'entretenir la confusion entre mondialisation et liberté du commerce.

La mondialisation est d'abord une nouvelle organisation du travail de l'entreprise capitaliste au niveau mondial. Ce ne sont plus les Etats qui commercent, mais les ateliers de l'entreprise mondiale, la « World Company », qui fait circuler ses produits finis ou semi-finis entre l'Angleterre, la France, l'Allemagne, etc. Comme le dit le patron d'un des plus grands groupes européens, c'est « la liberté pour son groupe de s'implanter où il veut, le temps qu'il veut, pour produire ce qu'il veut, en s'approvisionnant et en vendant où il veut, et en ayant à supporter le moins de contraintes possible en matière de droit du travail et de conventions sociales[1] ». Au moins c'est clair. Il s'agit de tirer parti de toute opportunité (productive, commerciale, financière) quelle que soit sa localisation géographique. La mondialisation est donc un phénomène spéculatif : je gagne de l'argent car je peux acheter moins cher ici le même facteur que je vais revendre là-bas. En l'occurrence, le travail. Or, qu'est-ce qui rend le travail onéreux ? Sa protection. La mondialisation est donc inséparable d'un mouvement de destruction de la protection sociale, de généralisation du chômage de masse et d'alignement des conditions de salaire et de travail sur les pays où la main-d'œuvre est la plus exploitée.

Le mouvement de mondialisation fait penser à celui des enclosures qui précéda la révolution indus-

---

1. Cf. François Chesnais, « Mondialisation et révolution conservatrice », dans *Misère de la mondialisation, AGONE,* 16, 1996, p. 21.

trielle, terrible, inéluctable, et qui jeta des millions de pauvres vers les usines naissantes[1]. Les enclosures délimitèrent des propriétés, supprimèrent les pâturages communaux, ruinèrent les plus pauvres, incapables de clôturer leurs champs d'une part et de continuer à profiter des pacages collectifs d'autre part. Ce fut un vaste mouvement de destruction du collectif et de transformation de ce collectif en propriété privée.

La mondialisation est la suppression sur tous les coins de la terre de l'Etat-providence, qui protégeait les plus faibles et les classes moyennes. L'Etat-providence est un phénomène collectif (la Sécu, l'Education nationale...) né de deux guerres mondiales. La mondialisation brise ce collectif. En échange, chacun « clôture » son champ : à chacun ses assurances privées, sa Sécu privée, sa médecine privée, son éducation privée et bientôt sa police privée. Les fonds de pension sont un merveilleux exemple de « clôture » de la retraite, autrefois bien collectif, c'est-à-dire financé par la collectivité. A chacun sa retraite, pour le plus grand bonheur des marchés financiers abreuvés par les fonds de pension. Et pour le plus grand bonheur de la World Company.

---

1. Voir Karl Polanyi, *La Grande Transformation*, Gallimard, 1983.

La World Company en campagne

La World Company n'est pas bête et méchante, elle est intelligente, brutale et cynique.

Qu'elle déteste l'Etat-providence et le droit du travail largement nés des deux guerres mondiales (pas des guerres « propres » comme la guerre du Golfe menée par elle, où les morts furent enfouis sous du sable avant que de combattre) est une évidence qui ne doit pas faire oublier qu'elle en appelle à l'Etat dès que ses intérêts sont menacés. Elle déteste l'Etat-providence et adore l'Etat-subside et l'Etat-gros bâton : au Conseil de sécurité, qui hésitait à adopter une résolution contre l'Irak, l'ambassadeur Madeleine Albright déclara que « les Etats-Unis continueront à agir multilatéralement quand ils le peuvent, et unilatéralement comme ils le doivent[1] ». Rompez.

---

1. Un ouvrage ne suffirait pas pour raconter la « liberté du commerce » vue par les Etats-Unis, qui disposent de multiples lois et comités (Section 301 du *Trade Act* de 1974, *Trade and Competitiveness Act* de 1988, loi Helms-Burton, D'Amato-Kennedy, Comité Dole...) pour organiser le commerce mondial selon la loi du plus fort. Quand une question devient commercialement gênante, elle devient, comme par hasard, « Sécurité nationale ». L'OMC a été créée pour étendre le GATT, qui ne concernait que les marchandises, aux services, pour le plus grand profit des Etats-Unis.

Par la bouche du sénateur Newt Gingrich d'Atlanta, l'un des élus les plus conservateurs et les plus brutaux du Congrès, qui en « a marre d'avoir l'Etat sur le dos », la World Company réclame un « nouveau contrat pour l'Amérique » fondé sur une application subtile de la notion de marché : protection de l'Etat et subventions publiques pour les riches, discipline de marché pour les pauvres, c'est-à-dire restrictions dans les dépenses sociales et abolition des indemnisations ; allégements fiscaux, règles favorables à l'amortissement et, au passage, subventions en matière de Recherche-Développement[1]. A l'opposé du « doux commerce » de Montesquieu, la mondialisation est la mise en coupe du travail, du savoir-faire, des technologies et de tous les avantages comparatifs locaux, nationaux, régionaux au profit d'un centre organisé dans la « Triade » (Etats-Unis, Japon, Europe).

La caractéristique essentielle de la mondialisation n'est donc pas le commerce, comme le serine la vulgate libérale, mais l'organisation concertée au niveau mondial des grands oligopoles. La World Company s'organise au niveau mondial pour répondre à la fixité du facteur travail et jouer sur les discriminations de législation, en luttant inlassablement pour leur abolition. Tout est axé sur la télématique et la mobilité. Il faut mettre en concurrence les différences dans le prix de la force de

---

1. Voir Noam Chomsky, « Démocratie et marchés », dans *Misère de la mondialisation*, *AGONE*, 16, 1996, p. 62 *sq.*

79

travail d'un pays et, au besoin, entre pays ou entre parties du monde. Cette adaptation que réalisait autrefois la migration de l'« armée de réserve », c'est maintenant la firme multinationale qui la sollicite par sa présence infatigable sur les lieux où elle peut capter du profit[1]. Pour cela elle utilise systématiquement les avantages de la télématique : éclatement des procès de travail, appel au travail à domicile, comme à l'aube du capitalisme, délocalisation des tâches routinières à des milliers de kilomètres, fabrication à « flux tendus » (pas de stocks), raccourcissement des délais de livraison, diminution des délais de facturation, appel méthodique à la sous-traitance et à l'intérim (« externalisation des coûts » sur les intérimaires ou les sous-traitants, qui jouent le rôle d'amortisseurs ou de filets de sécurité en cas de baisse d'activité).

La World Company, présente partout, reliée à elle-même en temps réel, peut jouer immédiatement sur des différences de coût, de délai, de législation. Elle ferme Vilvorde en Belgique dont la peinture est encore fraîche parce qu'elle augmente les cadences à Madrid.

---

1. De nombreuses études ont décrit ce phénomène de nouvelle organisation internationale qui consiste à occuper de façon stratégique l'espace en coordination « oligopolistique ». Un oligopole est un ensemble de quelques groupes (deux, trois...) passant des accords après des phases de concurrence ou de simulacres de concurrence. En français, on se référera au remarquable travail de F. Chesnais, *La Mondialisation du capital*, Syros, 1994, rééd. 1997.

Cette « armée de réserve » qui migrait d'un centre industriel à l'autre, voilà qu'on la sollicite maintenant sur place ! Au combat, braves gens !

Si le commerce n'est pas la caractéristique de la mondialisation, l'investissement direct à l'étranger (IDE) explose. Les IDE augmentent très fortement depuis 1985, alors que les échanges extérieurs progressent exactement comme le PIB mondial [1].

Ils se font dans la « Triade » avec quelques miettes pour les pays émergents (ces soutiers de la croissance qui menacent à peu près les pays riches comme l'épicier arabe, ouvert 24 heures sur 24, menace Carrefour), en abandonnant, comme autant de déchets ou de blessés pendant que l'armée avance, les pays les plus démunis. Les pays pauvres sont les bernés de la mondialisation. De pauvres ils deviennent misérables, comme les chômeurs des nations deviennent des exclus et des clochards. Pourquoi ? Parce que les échanges et les investissements concernent désormais les services et particulièrement les services financiers. Alors, les noix de coco...

La World Company est un agglomérat de l'industrie et de la finance prenant généralement la forme d'un holding, mais obéissant d'abord à une logique financière. Ses investissements impliquent une mixité des capitaux. Le bon temps des « noyaux durs », qui préservaient soi-disant le caractère français du capitalisme au moment des privatisations de

---

1. François Chesnais, *op. cit.*, p. 43.

1986 et permettaient surtout aux copains du ministre de la Privatisation de s'engraisser copieusement
des dépouilles publiques, est complètement
dépassé. Quand M. Suard menaçait en public, à la
télé, de déménager de France le siège de l'entreprise Alcatel qu'on lui avait fraîchement privatisée,
au motif qu'on lui cherchait mesquine querelle
d'avoir effectué, pour quelques misérables millions
de francs, des travaux de plomberie ou d'électricité
dans ses modestes appartements, il se moquait du
monde. Sa firme était déjà organisée au niveau mondial et peu importe qu'elle siège à Paris, New York
ou, pour une bonne part de sa facturation, aux îles
Caïmans.

La Sainte-Concurrence

Et Dieu dans tout ça, pardon, la Sainte-
Concurrence ? Eh bien, comme souvent, Dieu reste
au ciel des banalités libérales. La World Company
n'aime pas la concurrence. Elle laisse ça aux sous-
traitants, aux PME-PMI, et surtout aux salariés : plus
ils se concurrencent, plus ils la laissent en paix. La
World Company aime les alliances soit de coopération directe, soit de non-agression. On ne compte
plus les pactes occultes révélés de temps en temps
par la presse dans le partage amiable des marchés

publics[1]. Aussi fréquents sont les accords de coopération, tacites ou concrets, dans les marchés privés.
« Les firmes ne réagissent plus à des forces imperson-
nelles, en provenance des marchés, mais personnel-
lement et directement à leurs rivaux[2]. » Ce phénomène traduit bien la nature de la concurrence soi-
disant « atomistique » : une négociation de grand
feudataire à grand feudataire, de seigneur à seigneur
dans une interminable guerre de cent ans. L'oligopole est un lieu de collaboration autant que de
concurrence entre groupes. Microsoft vient de négocier avec Apple[3]. A quoi bon s'épuiser ? Que s'épuisent les cadres, les ouvriers et les sous-traitants de
l'un et de l'autre ! La guerre a rarement fait disparaître les puissants, si elle a toujours saigné les pays.

Les grands féodaux, les firmes multinationales
sont les grands profiteurs de la mondialisation. La
part des 100 premières multinationales dans la
richesse mondiale augmente par rapport à ce
qu'elle était il y a trente ans[4]. Elles concluent des

---

1. Le bâtiment-travaux publics s'en fait une spécialité. Les
amendes infligées par la Commission européenne de la concurrence sont faibles mais révèlent les cartels des « cimentiers »,
« club des entreprises » et autres « club des spécialistes », où les
futurs managers de l'année signent les pactes occultes.

2. J.F. Pickering, cité par F. Chesnais, *op. cit.*, p. 31.

3. Accord rendu public en août 1997.

4. Dans les années 70, le nombre de multinationales n'excé-
dait pas quelques centaines. Il dépasse aujourd'hui les 40 000.
Les 200 plus grosses firmes de la planète représentent le quart
de l'activité mondiale. L'activité financière, elle, représente cinquante fois l'activité réelle !

alliances et se partagent l'acquis de façon à ne plus laisser entrer de trouble-fête de taille plus modeste dans leurs champs clôturés. L'un des mythes les plus incroyablement mensongers destinés aux pauvres bougres qui font la queue pour se faire embaucher à la porte des grands domaines est celui de « la concurrence qui concerne tout le monde ». La concurrence n'existe surtout que pour les moyens, les petits, les pauvres, les salariés, les sous-traitants, bref, les éternels grugés du front[1]. La grande force des multinationales est de se faire concurrence par le truchement des petits, comme d'ailleurs tous les maréchaux depuis Mac-Mahon, avant de mourir dans leur lit le sabre de bois à la main, se sont fait la guerre par le biais des paysans ou des ouvriers français qui se crurent ennemis des paysans et ouvriers allemands. Tant qu'elles le peuvent, c'est-à-dire la plupart du temps, les multinationales se partagent le butin et envoient la piétaille au casse-pipe. Il n'y a guère que sur les nouveaux marchés, qu'elles ébauchent une vague pavane concurrentielle, quelques ronds de jambe devant le marché.

Par exemple, la Générale des Eaux et la Lyonnaise des Eaux courent un peu pour se placer sur le nouveau marché des bouquets numériques, du câble et autres merveilles de la communication de masse. Ou bien elles trottinent vers le marché de la dépollution

---

1. Les cadres aussi, dont on commence à révéler qu'ils travaillent 50, 60 voire 80 heures par semaine ! On comprend que les patrons soient contre les 35 heures.

dans les pays du tiers monde et d'Asie. Mais la règle est de ne pas s'affronter directement. Tu vas en Amérique du Sud ? Je vais en Asie. Tu vas vers l'Ouest ? Je pars à l'Est. Le marché mondial de l'eau – l'enjeu probable du début du prochain millénaire – est une merveille de pseudo-concurrence et de vraie coopération. Je te laisse Toulouse, je prends Bordeaux, et nous partageons Paris. Tu pars au Maroc et en Asie, moi je prends le Brésil et je vais faire un tour en Angleterre où se dépèce en ce moment du bon service public. *Nil novi sub sole* : pendant la Grande Guerre on évita soigneusement de bombarder les aciéries de part et d'autre du Rhin pendant qu'on s'égorgeait dans les tranchées.

Et l'IDE, s'il le faut, devient « investissement croisé » : 5 % de ton capital, contre 5 % du mien, et on ne va pas se faire la guerre, mieux vaut laisser ça aux cadres « surbookés » qui s'excitent et se battent de peur de ne pas en faire assez. France Télécom et Deutsche Telekom vont échanger 10 % de leur capital au 1er janvier 98, date où leur concurrence devient effective... Les généraux pactisent, les troupes s'épuisent. On boit au grand état-major, et on trinque au stress dans les bureaux ou à l'ANPE, où l'on goûte de ce bon mélange que les seigneurs de la guerre appellent « compétitivité ». La trouille est le facteur de combativité du salarié, comme la gnole fut celui du paysan de 20 ans tiré de sa campagne pour crever dans les tranchées.

« Le profit profite à tous », « La concurrence profite à tout le monde »...

Ah Dieu ! que la guerre économique est jolie !

Comme la guerre, la concurrence profite aux généraux et aux marchands de canons. Elle enterre les autres

A l'assaut de la forteresse sociale

La firme poursuit un but unique et obsessionnel : tourner la législation du travail en attendant de la détruire. Autrefois, les pays pouvaient lutter contre le chômage par le biais de mesures de protection douanières ou législatives, ou en jouant sur la parité des monnaies. C'est fini. La mobilité du capital permet aux entreprises de contraindre les pays à aligner leur protection sociale à la baisse. Autrefois, les Etats fixaient le prix de l'argent, taux d'intérêt et parités des monnaies. C'est fini. Désormais les marchés fixent à nouveau les parités des monnaies et les taux d'intérêt comme à l'aube du capitalisme. Autrefois, les Etats régulaient l'utilisation et le prix du travail via la protection sociale. C'est fini. La mondialisation est un mouvement unique de réaction, de retour à l'ordre (ou plutôt au désordre) ancien, de libération et d'affranchissement de toutes les institutions qui bridaient la tyrannie aveugle des firmes.

L'Organisation mondiale du commerce (OMC) qui succède en 1995 au GATT (General Agreement on Tariffs and Trade) [1] a pour but avoué, selon les propres termes de Renato Ruggero, son directeur général, la « constitution d'une économie globale unique ». Un supermarché mondial. Un centre commercial mondialisé. Carrefour et sa vie radieuse et positive à l'échelle planétaire. Le *Multilateral Agreement on Investment* (Accord multilatéral sur l'investissement, AMI) n'en est pas un. Il s'agit de négociations menées sous l'égide du Council for International Business des Etats-Unis, avec l'appui logistique de ce formidable outil de propagande et bureau de décervelage qu'est l'OCDE [2].

L'AMI permettra aux investisseurs d'agir sans qu'aucune règle, contrainte ou loi nationale puisse lui être opposée. Le futur traité, prévu pour vingt ans, limitera le droit d'expropriation ou de nationalisation [3], soumettra les entreprises non pas au droit des Etats mais au droit commercial international, bref, ravalera les Etats au rang de sous-traitants des entreprises et promouvra celles-ci au rang de nations. Il est vrai qu'elles sont déjà largement au-dessus des nations, puisque sur les 100 premières puissances économiques du monde, 51 sont des

---

1. Les accords de libéralisation des échanges passés entre pays depuis 1945.

2. Organisation de coopération et de développement économique : 200 « experts » basés à Paris et fabriquant la bonne parole et la statistique libérale : l'offre, la demande, trois chiffres, et la messe est dite. Radio-Paris économique.

3. Il l'interdira de fait sur cinq ans puisque aucun pays signataire ne peut se retirer avant cinq ans.

multinationales ; General Motors, par exemple, réalise un chiffre d'affaires supérieur au PIB du Danemark. L'AMI, négocié comme s'il s'agissait de secrets nucléaires (et il s'agit bien d'une bombe antisociale), va permettre aux investisseurs transnationaux de vendre, d'acheter et de déplacer des entreprises sans aucune restriction. Tout ce qui est impôt, subvention, exigence d'emploi des collectivités territoriales et nationales, exigence en matière de pollution va devenir le non-droit. « Economie mondiale unique »...

Les nigauds qui voient dans le marché mondial uniformisé une sorte de monde enfin unifié, « homogène », « fraternel », n'ont rien compris à ce qu'étaient les guerres féodales interminables qui saignaient autrefois des pays comme le Japon, la Chine ou la France du Moyen Age : des batailles de Grandes Compagnies, au nom si juste, pour dépecer un pays sans autorité centrale, tailler et saigner des paysans « homogènes » et « fraternels ». La World Company n'est que la « Grande Compagnie » du temps des croisades, passablement cruelle. Ce qui est bon pour General Motors est vraiment mauvais pour les poumons. Quant à ce qui est bon pour Renault, c'est mauvais pour l'emploi.

Chair à canon

Le mouvement de la mondialisation est excluant : aux miséreux sur les trottoirs de Paris, répondent les miséreux dans le concert des nations. « À l'exception de quelques NPI qui avaient franchi avant 1980 un seuil de développement industriel leur permettant de suivre les changements dans la productivité du travail et de demeurer compétitifs, ainsi que d'un petit nombre de pays associés aux trois pôles de la Triade, un mouvement très important de marginalisation des pays en voie de développement est en cours[1]. » Ces pays ne présentent plus aucun intérêt. Ni économique ni stratégique en raison de la fin de la guerre froide. Ce sont des fardeaux. Des clochards de la taille d'une nation. Que peuvent-ils nous donner ? Les cornes des quinze derniers rhinocéros ? Du café ? Ça ne vaut plus rien. Du pétrole ? On en trouve partout. Des petits garçons et des petites filles ? Faudra compter avec la concurrence des pays de l'Est. Des organes, des reins, des cornées ? Des atolls à bétonner ? Il n'en reste plus.

Le seul intérêt de ces « nouvelles zones de pauvreté » (rhétorique de la Banque mondiale), c'est qu'elles peuvent peut-être servir un jour de dépo-

---

1. François Chesnais, *op. cit.*, p. 24.

toirs. Contre quelques pièces jaunes, on pourrait peut-être leur fourguer nos déchets nucléaires, pourquoi pas ? On a toujours trouvé des affamés pour travailler sans filet, des puisatiers, des ramoneurs, des couvreurs et même des maçons pour le sarcophage de Tchernobyl. On trouvera bien des gardiens de déchets nucléaires.

Croire que le marché mondial et la flexibilité vont enfin enrichir le monde est une baliverne : à l'aube du capitalisme, au moment où l'espace des nations s'unifiait économiquement[1], certaines régions s'enrichissaient relativement (le Nord et la Lorraine en France) et d'autres s'appauvrissaient (la Bretagne et le Sud-Ouest). Unification économique n'a jamais signifié unification de la richesse, sauf quand l'Etat s'en est mêlé pour redistribuer. Aujourd'hui, la mondialisation est concomitante d'un accroissement des inégalités des fortunes et des revenus et d'un phénomène de ghettoïsation sans précédent : resurgissent dans des pays comme la France les analphabètes, les pauvres, les clochards des trottoirs et les petits métiers des carrefours (laveurs de voitures et mendiants) que l'on croyait réservés définitivement au tiers monde. La mondialisation n'est qu'une tiers-mondisation des nations : quelques riches, beaucoup de pauvres, et entre les deux des policiers au mieux, des escadrons de la mort au pire. On voit mal comment le mouvement de ghettoïsa-

---

1. En France en adoptant une monnaie unique sur le territoire, par exemple peu après la création de la Banque de France.

tion des cités radieuses construites dans les années 60 pourrait s'inverser grâce à l'appauvrissement d'une partie des classes moyennes encore préservées, classes qui sont encore le tampon entre les très pauvres et les très riches et dont MM. Minc et Pineau-Valencienne réclament la disparition, pardon, la « flexibilisation » à grands cris. Il est en revanche certain que de cette « flexibilisation » sortira encore plus de profits pour l'entreprise de M. Pineau-Valencienne qui en regorge. Ce M. Pineau a raison, de son point de vue, de vouloir ajouter du lard à sa graisse puis du beurre à son lard. C'est humain. Qu'il doive « dégraisser » ailleurs pour cela est aussi une évidence.

Tous contre tous

Mais pourquoi la mondialisation porte-t-elle la différenciation autant que l'unification, la fragmentation et la marchandisation, l'uniformisation par l'argent autant que la séparation et la création d'inégalités ? Pourquoi la mondialisation élève-t-elle autant de barrières identitaires et de murs d'inégalités qu'elle brise de protections ?

Tout le paradoxe de la spéculation et de la concurrence est là. Il n'existe de profit possible que s'il y a différence entre l'achat et la revente, les travaux et les marchandises achetés ou les clients sollicités par l'un ou l'autre. La grande entreprise transnationale recherche les disparités (fabriquer en Tunisie pour revendre en France plutôt qu'elle ne fabrique en France pour revendre en France), sinon les crée (inventer des produits à fabriquer en Tunisie pour revendre en France ou l'inverse). Si l'on considère l'aspect « création », les marchés financiers dérivés[1] ne sont qu'un phénomène de création de produits nouveaux pour favoriser l'émergence de profits.

La « désétatisation », la destruction de l'Etat-providence sont autant de phénomènes de désintégration et de fragmentation. L'Etat-providence était un facteur d'intégration et de résolution des conflits. Là où l'Etat disparaît, la fièvre identitaire fait des ravages : les groupes apparaissent (Français de souche, immigrés, fonctionnaires, salariés du privé, paysans, catholiques, musulmans, etc.) et la vendetta menace. Lorsque les groupes contrôlent les quartiers dans les zones d'exclusion urbaine, sous l'œil intéressé de la mafia, c'est que le marché a triomphé. La mondialisation engendre l'« inégalité » et l'« identité ». Je suis exclu ? Je deviens « fou de Dieu ».

La guerre exige des combattants : des Français et des Allemands. La guerre économique aussi. Il est

---

1. Les marchés financiers « de base » sont ceux des actions et des obligations ; à côté existent des marchés monétaires, d'échange des monnaies ; les marchés « dérivés », spéculatifs, sont des marchés d'assurance sur les précédents.

impératif pour la guerre économique de trouver des sous-catégories : socioprofessionnelles, ethniques, d'âge, de sexe, ou d'autre chose[1]. La guerre économique ne peut exister dans un espace unifié. Voilà pourquoi la mondialisation est porteuse de la plus terrible des guerres, celle de tous contre tous. La guerre civile généralisée. Et voilà pourquoi « mondialisation et universalité ne vont pas de pair, elles seraient plutôt exclusives l'une de l'autre. La mondialisation est celle des techniques, du marché, du tourisme, de l'information. L'universalité est celle des valeurs, des droits de l'homme, des libertés, de la culture, de la démocratie. La mondialisation semble irréversible, l'universel serait plutôt en voie de disparition[2] ».

Un des paradoxes les plus troublants de la mondialisation est qu'elle entraîne simultanément l'uniformisation du monde (le bazar culturel mondialisé, Coca-Cola, *Dynasty* et les amours de Stéphanie de Monaco, l'anglais[3] réduit à 50 mots, disons 100) et un cloisonnement des hommes. Car le marché mondial exige la guerre entre chaque catégorie socio-

---

1. Par exemple, « actifs contre retraités ». Tout le débat sur les fonds de pension consiste à opposer les nantis de la retraite actuels contre les actifs qui n'auront pas de retraite. Ou encore pourquoi ne pas opposer les urbains consommateurs d'eau, et les paysans pollueurs ?

2. Jean Baudrillard, cité par Serge Latouche, dans *AGONE*, 16, 1996, p. 172.

3. « Notre latin », comme disent ceux qui n'ont pas fait d'études classiques.

professionnelle (paysans, fonctionnaires, sous-cadres, cadres, retraités, actifs...), entre chaque ville (ce qui est bon pour Flins n'est pas bon pour Vilvorde), entre les régions, les races, les sexes, sur fond de discrimination de plus en plus grande. Qu'est-ce qui développe la haine raciale, sinon le chômage ? Qu'est-ce qui créera, bientôt, la guerre de l'eau – entre villes et campagnes, paysans et citadins, citadins et industriels, habitants des zones sèches et des zones humides – sinon la rareté de l'eau ? Raconter aux paysans que les fonctionnaires sont des nantis, aux citadins que les paysans sont des empoisonneurs, et à tout le monde que tout le monde est privilégié, même les chômeurs – surtout les chômeurs, qui ont des allocs, sans travailler –, que l'un est privilégié en matière de RMI, l'autre en matière d'école, et un troisième en matière de santé (pourquoi pas en matière de vie ? ça viendra : « Vous êtes vivant ? vous êtes un privilégié ! »), prépare une guerre de tous contre tous pour le profit d'un tout petit nombre. Battez-vous à la porte d'usines qui n'ont même plus besoin de vous.

Le marché mondial, c'est aussi le dualisme, le *limes* pour éviter un jour que les Chinois n'osent vouloir le modèle de consommation occidental (comment pourraient-ils avoir chacun une voiture sans détruire la planète ? même les Américains, grands pollueurs devant l'éternel, commencent à en prendre conscience), la séparation définitive du monde entre ceux qui continueront à se gaver dans la frustration perpétuellement renouvelée et les autres. C'est les barbelés autour des cités privées des Etats-Unis. Quelques bunkers et d'immenses zones en dehors de la loi. La voilà l'uniformisation par le marché : tous égaux dans le non-droit. Chacun pour soi et la mafia pour tous.

Fonctionnant à l'exclusion, la mondialisation ne permet même pas aux perdants d'accéder à l'assistance, ne disons pas au bien-être minimal. Fondée sur l'utilisation forcenée de la nature et le pillage des ressources naturelles, elle interdit l'universalisation du développement. Enfin, « elle ne peut fonctionner que si les acteurs ont une morale contraire à celle qu'elle propage[1] ».

Cela vaut trois secondes d'attention. Que la société du spectacle soit une société du mensonge est une banalité de base. Mais que le capitalisme ne perdure que parce qu'il a « hérité d'une série de types anthropologiques qu'il n'a pu créer lui-même : des juges incorruptibles, des fonctionnaires intègres ou des ouvriers qualifiés[2] », est plus intéressant. Ces gens, auxquels on peut ajouter l'éducateur compétent, le politique honnête, le journaliste scrupuleux et d'autres, comme l'architecte soucieux d'esthétique, obéissent à des valeurs précapitalistes : honnêteté, service de l'Etat, amour du travail bien fait ou de la belle ouvrage, bref, des valeurs obsolètes et dérisoires dans nos sociétés du tout-en-toc, où

---

1. Serge Latouche, in *op. cit.*, p. 175.
2. Cornelius Castoriadis, *in* Serge Latouche, *op. cit.*, p. 175.

un homme politique intègre est un peu ridicule, surtout s'il ne passe pas beaucoup à la télé.

L'emploi à la trappe

Mais tout de même, la mondialisation, ça crée des emplois, non ? Regardez les Etats-Unis...

Les Etats-Unis créent des emplois pendant que l'Europe crée du chômage est du même tabac que dire que Renault-Etats-Unis crée des emplois pendant que Renault-Europe en détruit. En passant sur le fait que les chômeurs n'existent pas aux Etats-Unis car ils sont, là-bas, baptisés « pauvres », les destructions d'emplois sont supérieures dans le monde aux créations[1], parce que la grande entreprise a désormais organisé son travail à l'échelle du monde. Elle peut s'assurer des économies d'échelle[2] grâce à la sélection des sites de production et aux relations de sous-traitance organisées dans plusieurs pays. Les acquisitions-fusions transfrontières permettent de gagner des parts de marché mondial sans avoir à faire d'investissements nouveaux créateurs d'emplois. Renault-Vilvorde était un investissement « à

---

1. Cf. François Chesnais, *op. cit.*
2. Ou « rendements croissants d'échelle » : plus je produis, moins ça me coûte de produire, parce que j'amortis des coûts fixes (direction, publicité...) sur des quantités produites plus importantes.

l'ancienne », un peu stupide car créateur d'emplois précisément. L'investissement moderne, baptisé, nous l'avons vu, investissement direct à l'étranger (IDE), est une fusion-acquisition permettant de valoriser ce qui existe en s'appuyant sur de la sous-traitance et en « dégraissant » au maximum. Une « réorganisation-dégraissage » transfrontière. Le contraire du bon vieil investissement de croissance des Trente Glorieuses. L'IDE donne la priorité à la restructuration, à la sélectivité dans le choix des sites (surenchères aux subventions, aux exonérations fiscales et aux dérogations au droit du travail), bref, à la « rationalisation ». Ce n'est plus le « tout ce qui est rationnel est réel » de Hegel, c'est le « tout ce qui est réel est flexible, adaptation et dégraissage » de M. Minc. Chaque époque a ses penseurs.

La tiers-mondisation du monde

Ainsi, « après avoir détruit la paysannerie et une large partie de l'artisanat urbain, désertifié des régions entières, fait appel à l'armée industrielle de réserve des travailleurs immigrés, créé des concentrations urbaines et ingérables[1] », le libéralisme (le marché, le capitalisme, la libre entreprise, que

---

1. François Chesnais, *op. cit.*, p. 254.

préférez-vous ?) est en train de refuser aux damnés de la terre le droit d'être exploités. Ce n'est même pas *Les Temps modernes*, Charlot dans les rouages de la Grande Machine, Taylor et les cadences infernales, le stress de cet imbécile suprême des temps modernes, le cadre, pour éponger sa paye dans un supermarché avant de finir, vite fait bien oublié, dans un fourgon mortuaire perdu dans un embouteillage ; c'est encore moins. Vous n'étiez rien, vous serez moins que rien. Vous viviez comme des bêtes, vous survivrez comme des épaves, avec pour horizon le meilleur des mondes numériques de M. Bill Gates. Mais attention, il ne faut pas espérer de secours, de subsides, les allocations créent les chômeurs et les paresseux. Vous serez exclus, mais pointez quand même à l'ANPE. Il n'y a pas de travail, mais pas question de réclamer autre chose que ce qu'on ne peut pas vous donner. Crevez, mais dans la liste d'attente pour participer à la guerre économique.

Lorsqu'il visite un pays du tiers monde, la chose à laquelle s'habitue le plus vite M. Français-Moyen est la misère. Il la voit à l'aéroport, dans les rues, à la porte de son hôtel, aux vitres de sa voiture climatisée, puis il ne la voit plus. Pourquoi M. Pineau-Valencienne ou M. Minc verraient-ils la misère croissante en France ? La paupérisation du Français moyen ? Le Français moyen s'habitue à la misère du tiers monde, le nanti moyen s'habitue aux statistiques croissantes du chômage. De toute façon, on saura quoi faire tôt ou tard des chômeurs. Des milices par exemple. Car qui nierait que l'« insécurité soit croissante[1] » ? Ah ! tiens... Le « doux commerce » de Montesquieu engendrerait de l'insécurité croissante ?

Pas encore, mais certainement une tiers-mondisation croissante. Que l'Europe soit en voie de tiers-mondisation n'échappe qu'aux barricadés de Neuilly. Quel est le grand événement de cette fin de siècle ? La chute du Mur ? Internet, cette pseudo-bibliothèque pour redoublants d'un bac informatique, le Sida, la vache folle, Lady Di ? Le grand événement de cette fin de siècle est la clochardisation de la Grande-Bretagne. Mais les hérauts de la guerre économique nous somment de choisir : ou le bonheur de la modernité dans l'abondance de pénuries renouvelées *ad vitam aeternam* – la rareté éternellement organisée, l'essence de l'économie politique[2] – ou l'apathie du tiers monde. Eh bien, nous aurons le pire des deux : les antibiotiques inefficaces, l'obésité comme principe de vie, des bouquets numériques à mille chaînes identiques et débiles aux mégapoles hypertrophiées, avec en prime les ghettos et les bidonvilles.

---

1. Faux bien sûr, mais servi au moment du thé avec les tartes à la crème du « pauvre qui n'est qu'un assisté » et de « l'Etat qui nous prend tout ».

2. Comme l'ont parfaitement compris les économistes libéraux depuis J.-B. Say et Walras.

Ah Dieu ! que la guerre économique est jolie !

Le sabordage des politiques

La mondialisation est indissociable de l'affranchissement du capital financier de toutes les institutions qui encadraient ses opérations, affranchissement réalisé de façon parfaitement consciente par les Etats-Unis, puis par la Grande-Bretagne, pays historiquement leader en matière de finance internationale[1]. Construites en deux siècles (ce n'est qu'en 1936 que la Banque de France sera, enfin, sous tutelle du pouvoir politique), elles seront liquidées en moins de deux décennies.

Tout commence en 1971, quand les Etats-Unis décident de ne pas solder les dettes de la guerre qu'ils mènent au Viêt-nam. Méthode : on supprime le système de Bretton Woods qui encadre les monnaies par rapport au dollar et le dollar vis-à-vis de l'or. L'explosion du marché de l'eurodollar (le dollar créé hors territoire américain et localisé, au début, à Londres) autorise les banques à entrer dans un mouvement d'affranchissement par rapport aux

---

1. La question de la parité de la livre sterling a empoisonné les relations financières de l'entre-deux-guerres et entretenu l'économie mondiale dans une lancinante déflation dont elle ne sortira qu'avec la guerre de 40.

Banques centrales qui s'achève aujourd'hui[1]. La guerre du Kippour et le quadruplement du prix du pétrole permettent aux banques de recycler auprès du tiers monde les pétrodollars, catastrophe financière dont ils ne se sont pas encore remis. Les narcodollars se ruent sur les marchés monétaires et financiers internationaux pour y côtoyer les pétrodollars et plus généralement toutes les devises qui circulent « hors bilan ». Une centaine de banques traitent des devises en 1973 sur un marché totalement privé, des milliers aujourd'hui, en tête desquelles les 50 plus grosses banques des pays riches, dont les banques françaises, très friandes d'eurodevises. Le marché croît de lui-même par effet de « levier » (effet multiplicateur si l'on préfère, au risque de paraître « ringard », c'est-à-dire keynésien).

Comme toujours, les preneurs de risques n'en prennent pas. Les banques engagées dans la gabegie des prêts au tiers monde et dans la mondialisation sont secourues par le contribuable en cas de besoin. Dix ans avant le Crédit lyonnais et pour des sommes dix fois plus importantes, les Américains, par le biais de la Réserve fédérale, refusent de mettre en faillite

---

1. Avec la « sanctuarisation » des Banques centrales elles-mêmes, c'est-à-dire leur mise hors contrôle des pouvoirs publics et, *a contrario,* leur mise sous tutelle des marchés financiers et monétaires. C'est le monde à l'envers. Les banques nationales sous tutelle des banques privées qu'elles sont supposées encadrer ! Enfin les gendarmes au service des voleurs ! La police au service de la mafia, ce qu'on n'avait pas vu depuis la prohibition à Chicago.

la Continental Illinois en 1984, puis les caisses d'épargne américaines, plombées jusqu'au cou dans des opérations immobilières ou frauduleuses, ou les deux. En 1987, la Réserve fédérale américaine finance le mini-krach boursier. Aujourd'hui, la presse financière anglo-saxonne félicite les autorités françaises de faire payer aux contribuables le krach du Lyonnais.

En matière de finance mondiale, la responsabilité des politiques est écrasante. Ils font tout pour se saborder, c'est-à-dire créer les instruments financiers qui permettent aux opérateurs privés de gonfler leur marché de façon autonome. Les « nouveaux produits », « nouveaux instruments financiers », « innovations financières »[1] sont autant de munitions pour faciliter la guerre financière mondiale. Ils vont permettre de réaliser ce qu'on a appelé les trois D, « déréglementation, désintermédiation, décloisonnement ».

La déréglementation et la désintermédiation signifient la perte de contrôle des autorités monétaires, Trésors publics et Banques centrales. Le décloisonnement permet le passage immédiat d'un secteur monétaire et financier à un autre, d'une devise à une autre, d'une obligation à une autre, d'une monnaie vers un actif financier, du court terme au long terme, des taux fixes vers les taux variables, du marché au comptant vers le marché à

---

1. Voir H. Bourguinat, *La Tyrannie des marchés*, Economica, 1995.

terme, etc. Une immense diversification est créée de toutes pièces qui signifie autant de sources de spéculation et de profit. En matière financière comme ailleurs, la mondialisation est à la fois homogénéisation et diversification[1]. Comme les taux d'intérêts et les taux de change deviennent variables, on crée des instruments chargés de protéger contre ces fluctuations, qui eux-mêmes deviennent des objets de risques, de fluctuation et de spéculation : ce sont les « futures » ou « instruments de couverture » (le notionnel, par exemple, à Paris, échangé sur le Matif, qui couvre les variations de taux d'intérêt). Evidemment, les risques s'empilent sur les risques, les spéculations sur les spéculations et, pour l'instant, les profits sur les profits.

La désintermédiation est un processus qui permet aux utilisateurs de services financiers de satisfaire leurs besoins en dehors des institutions et des réseaux traditionnels. Par exemple, les entreprises, en période de « pénurie monétaire » (le système bancaire ne leur octroie pas assez de liquidités), décident de faire circuler du papier commercial entre elles. Avec la mondialisation, elles généralisent cette pratique en appelant directement l'épargne liquide disponible dans le monde par l'émission de titres de créances : c'est le phénomène de la titri-

---

1. Il faut répéter que le profit ne vit que de discrimination et de diversification sous couvert d'unification par le marché : si les entreprises faisaient le même produit avec les mêmes machines et les mêmes travailleurs pour les mêmes consommateurs, du fait de la concurrence, elles ne feraient aucun profit.

sation[1]. Celle-ci est largement favorisée par l'essor phénoménal d'une épargne liquide publique (bons du Trésor et obligations) destinée à financer les déficits budgétaires. La dette fédérale américaine a plus que décuplé depuis 1970 et le service de la dette lui-même rapporte des intérêts faramineux[2]. De 12 % d'intérêt en 1980 on passe à 20 % en 1990 : c'est dire si le placement sur le dos du contribuable est une activité juteuse !

La libre circulation des capitaux entraîne des fuites importantes d'argent à blanchir vers les paradis fiscaux. Où vont ces fonds ? Sur les titres publics. Les racketteurs de l'Etat (les fraudeurs fiscaux ou autres) placent auprès de lui l'argent qu'ils lui ont volé et encaissent, en plus, des intérêts. Génial : le voleur qui prête son argent à celui qu'il a volé !

Que l'on réfléchisse aussi à ceci. Les classes moyennes ont pu épargner grâce à un salaire « décent » lié à l'existence de l'Etat-providence. Cette épargne, aux Etats-Unis, va vers les fonds de pension qui n'ont qu'une fonction, tuer l'Etat-providence, donc scier la branche sur laquelle sont assises ces classes moyennes. Et un grand bravo à

---

1. Les « billets de trésorerie » ou les « certificats de dépôt » émis par les entreprises participent de cette titrisation.

2. De 320 milliards de dollars, elle passe à 906 en 1980, 4 061 en 1992 et frise les 6 000 milliards en 1997. Les intérêts de la dette passent de 12,7 % en 1980 à 20,1 % en 1990 (F. Chesnais, *op. cit.*, p. 221). Ils se situent aux alentours de 15 % aujourd'hui.

Tony Blair qui a tout compris et veut encore réduire cet Etat-providence dans le pays qui l'inventa[1].

Quand le financier pompe l'industriel qui pompe le salarié

C'est donc le capital porteur d'intérêts, le capital financier, qui se sent habilité à faire valoir ses droits et non plus le capital industriel. Ou tout au moins est-il habilité à exiger une ponction sur le capital industriel. Celui-ci a les moyens, s'agissant des grandes entreprises, de transférer à son tour cette ponction sur les salariés. Le capital industriel, vassal du capital financier, transfère cette charge sur les salariés en comprimant la part de la valeur ajoutée qui leur est dévolue : soit en les chassant, soit en baissant leur part. Ces deux phénomènes sont concomitants et loin d'être achevés. Au total, ce sont tout simplement les taux d'intérêt élevés sur l'argent, l'argent produisant directement du profit sans la médiation de la marchandise, qui liquident petit à petit le processus de production dans la fabrication du profit.

---

1. On critique les Anglo-Saxons, mais balayons devant notre porte. Le « grand marché intérieur européen », découvert par Jacques Delors, constitue le programme de déréglementation le plus systématique et le plus gigantesque de l'histoire économique. La Commission européenne est l'organe de propagande le plus inlassable en faveur du libéralisme et de la flexibilité.

Mais la distinction finance-industrie s'estompe. Aujourd'hui, l'industriel a tout intérêt à devenir financier pour capter des rentes, et le financier à se faire industriel pour ponctionner le salarié là où il peut le faire.

La mondialisation financière a pour conséquence de détruire cette vieille distinction financier-entrepreneur – la vieille dichotomie à la Schumpeter ou Keynes, où le financier avance l'argent à l'entrepreneur qui prend le risque de la fabrication et de l'écoulement d'un produit, écoulement qui lui permet de rembourser le financier. Désormais, la grande entreprise multinationale est à la fois financier et entrepreneur (la banque, ou le holding, est aussi possesseur de fabriques). De même que l'ancienne théorie du commerce international entre nations n'a plus de sens[1], avec une bonne vieille division internationale du travail à la Ricardo, il faut bannir l'idée qu'il subsisterait une séparation entre capital financier et capital productif[2]. Les entreprises elles-mêmes deviennent des intermédiaires financiers. Il n'y a plus de cloison étanche entre

---

1. A la Ricardo. L'Angleterre et le Portugal se spécialisant, qui dans le drap, qui dans le porto pour la plus grande joie des deux nations. Balivernes, répétons, tous ces cocoricos sur les exportations françaises qui, quand elles ne sont pas financées par des subventions, représentent moins de la moitié des échanges intra-branches.

2. La confusion des genres explique pour une part les déboires du Crédit lyonnais, qui s'est mis à jouer les preneurs de parts dans des activités à propos desquelles il était totalement ignorant.

opérations liées à la production et à la finance. Au Japon, ce sont les kereitsu qui règlent la dualité finance-industrie, en Allemagne les grandes banques. En France, deux « grands cœurs financiers[1] » réalisent l'équilibre entre banque et industrie. La « financiarisation » des grands groupes se manifeste dans des formes diverses d'interpénétration entre industrie et finance, avec un alignement progressif de tous les systèmes sur le modèle américain, marqué par la détention opportuniste de gros paquets d'actions par des institutions financières[2] en quête de rendements financiers élevés à court terme. Ainsi, dans les firmes, la dualité des financiers et des industriels dans les conseils d'administration et les conflits internes se réglera désormais de plus en plus en faveur des financiers. Que les actions d'une entreprise montent lorsqu'elle licencie traduit bien le primat de la finance sur l'industrie. En d'autres temps du capitalisme, ce serait plutôt l'embauche et la création d'usines par une entreprise qui auraient fait monter ses actions.

Le capital financier mène une guerre très particulière : il veut que l'argent fasse de l'argent, point[3].

---

1. Selon la terminologie de F. Morin, *Le Cœur financier français*, Economica, 1994.

2. En particulier, les fonds de pension, voir *infra*.

3. Marx dirait : marchandise-argent-marchandise qui devient argent-marchandise-argent. Ou, si l'on préfère, avec Guy Debord, « La valeur d'échange est le condottiere de la valeur d'usage qui finit par mener la guerre pour son propre compte » (*La Société du spectacle*, Gallimard, 1992, thèse 46).

Pour cela, il a besoin d'une économie en déflation (où l'argent conserve non seulement sa valeur mais a plutôt tendance à en prendre), endettée (où il peut récupérer du profit que la dette publique, notamment, fait financer au contribuable). L'endettement public lui permet de maintenir une pression usuraire sur le salarié que seule la création monétaire pourrait desserrer. Or, les Banques centrales n'ont plus le droit de créer de monnaie[1].

La guerre économique sous sa forme financière est une vis sans fin où l'on exige toujours plus de sacrifices des salariés au nom d'une réduction d'un endettement public que l'on sait parfaitement juteux pour les nantis. On surarme les gens, on leur dit « Battez-vous ! » et, pendant qu'ils s'étripent, on crie : « Remettez les couteaux au vestiaire ! »

Noir comme le marché

L'opacité est la règle de fonctionnement des grandes entreprises. Elles font apparaître en toute impunité des milliards de pertes ou de profits selon le bon vouloir des dirigeants. On provisionne. On déclare soudain que, après tout, on fait plutôt des

---

1. Traité de Maastricht et, en France, loi de 1993 sur l'autonomie de la Banque de France qui lui interdit de financer le déficit budgétaire.

pertes que des profits [1]. Ou l'inverse. La « valorisation objective » par le marché qui est, selon les libéraux, le lieu de la transparence et de la vérité des prix, s'est muée en une opacité, un système de mensonges plus ou moins volontaires et d'illusions plus ou moins subies et créées, dans un théâtre d'ombres où la seule réalité est le salarié pressuré, le travailleur licencié, le consommateur gobergé [2].

Notre société de communication mensongère est tout à fait appropriée aux mensonges systématiques de la grande entreprise, car l'une des caractéristiques de celle-ci est non pas de mentir sur le produit (c'est pas nouveau), mais sur ses résultats : de plus en plus, tout est facturé, provisionné, dégraissé, mis de côté, comptabilisé selon les normes européennes quand il faut, américaines quand il le faut encore plus, et toujours pour échapper à cette stupidité

---

1. Par exemple la Générale des Eaux, après l'arrivée du nouveau PDG Jean-Marie Messier en 1995, fait tranquillement apparaître plus de 3 milliards de pertes. *Idem* pour Alcatel après l'arrivée du nouveau patron, Serge Tchuruk. En septembre 1997, dans « un souci de transparence » (*sic*) et surtout dans le but d'introduire en Bourse sa filiale Rhodia, Rhône-Poulenc fait soudain apparaître 9,5 milliards de pertes... Dans « un souci de transparence ». Que ceux qui trouvent des comptes plus transparents que ceux de Rhône-Poulenc nous écrivent.

2. L'histoire de la vache folle est extraordinaire. Que la Commission européenne ait entretenu le mensonge sur les importations de viande contaminée en France n'est rien. Le plus beau, c'est le prétexte : pour ne pas entamer la confiance des consommateurs ! En clair, on vous empoisonne, mais on ne vous le dit pas, au cas où vous feriez chuter le cours de la viande ; ça risquerait de faire chuter votre emploi, braves gens.

préhistorique qu'est l'impôt qui n'a d'intérêt que lorsqu'il est restitué sous forme de subvention ou d'éponge à pertes (merci pour la sidérurgie), ou encore de crédit de Recherche-Développement, ou d'infrastructures, ou de diverses choses dont la rentabilité est trop hasardeuse et en tout cas pas immédiate pour être laissée aux malheureux « entrepreneurs ».

La mondialisation a engendré une nouvelle démarche comptable des groupes : la pratique méthodique du « hors bilan ». Au départ, il s'agissait de soustraire des bilans (principalement des banques) des créances douteuses nées du recyclage des pétrodollars auprès d'emprunteurs sans possibilités de remboursement comme les pays en voie de développement, et de les placer auprès d'investisseurs institutionnels (fonds de pension, caisses de retraite) ou de particuliers attirés par la forte dévalorisation de ces « créances pourries » (*junk-bonds*). En gros, on liquidait la dette des pays en voie de développement. Ensuite, il s'est agi de bazarder toutes les créances pourries nées des opérations immobilières ayant mal tourné dans les années 90. Aujourd'hui, « il n'existe pas la moindre donnée sur le montant des engagements hors bilan des grands opérateurs, banques en tête, et encore moins sur la configuration des créances à risques ou à très hauts risques : personne n'a la moindre idée de la structure des interdépendances[1] ». Il est à craindre que les banquiers

---

1. François Chesnais, *op. cit.*, p. 229.

non plus, en témoigne l'effrayante gabegie du Lyonnais. Combien représente ce capital hors réglementation, hors comptabilité, hors fisc, hors contrôle de qui et de quoi que ce soit ? Où va-t-il ? Tous ces résultats faux vont alimenter les marchés des rumeurs, des passions, des crises, des hystéries, de l'irrationalité, de l'engouement et du leurre perpétuel : les Bourses.

Démocratie des marchés et dictature des crétins

Sur les marchés sont négociées de plus en plus des opérations de couverture de risque sur les produits financiers dits dérivés ou secondaires. Une même créance peut donner lieu à des transactions – donc à des spéculations ou « arbitrages », selon que l'on regarde la prise de profit pour le profit, ou la prise de profit pour une « raison » plus ou moins saine – sur plusieurs marchés. Elle peut être traitée en tant que telle, puis traitée dans un système de couverture de risque, puis de couverture de couverture du risque, dans un empilage, une irrationalité et une anarchie proprement effrayants. Mais quel est ce capital dont le montant atteint des sommes astronomiques[1] ?

Du « capital fictif » ? L'air de la bulle ? Du vent ?

_____

1. 12 000 milliards de dollars environ.

111

De la « richesse » ? Mais s'il s'agit de richesse, il faut qu'elle se réalise, qu'elle s'échange contre du concret, marchandise ou service... Or il semble qu'elle n'existe que tant qu'elle n'est pas réalisée, comme l'équilibre du cycliste qui n'existe que tant qu'il pédale. Tant qu'on spécule et accumule en vase clos, ce capital donne l'illusion d'exister. Au-delà, il risque d'apparaître pour ce qu'il est : des lignes d'écriture sur des disques durs d'ordinateurs qui seront nettoyés aussi rapidement qu'ils ont été remplis.

Il y a deux explications de la phénoménale croissance du capital boursier, bien au-delà de la croissance de l'économie réelle[1]. Première explication : la « Chaîne de Ponzi[2] ». La pyramide albanaise. Le système de cavalerie qui implique un afflux continu d'argent frais et donc la nécessité d'attirer continuellement de nouveaux pigeons.

En Albanie, l'arnaque se monta à 1,2 milliard de dollars, autant que le PIB. Les trois escrocs (la « Gitane », le « Sous-Officier » et le « Mécanicien ») proposaient du 100 % de taux d'intérêt contre 3 % à la Banque d'Albanie. Méthode : les intérêts sont payés par les capitaux des nouveaux arrivants. Le nouveau pigeon sera réglé à son tour rubis sur l'ongle par un pigeon plus jeune. Jusqu'à ce que

---

1. Entre 1982 et 1996, l'indice Dow Jones passe de 1 000 à 6 000, soit une croissance moyenne de 7,34 % par an, le double de la croissance de l'économie réelle américaine.

2. Du nom d'un escroc organisateur de la spéculation immobilière en Californie.

quelqu'un décide de retirer ses billes, capital et intérêt. En Albanie, les petits épargnants ont été ruinés
au prix de 1 600 morts et 6 000 blessés.

Il y a un phénomène (mineur) de Ponzi sur les
Bourses à cause de l'afflux de nouveaux petits épargnants qui veulent faire comme les gros.

Mais les Bourses restent largement des marchés
fermés. La véritable explication de la survalorisation
boursière est liée au système autoréférent que représente toute Bourse [1].

Les opérateurs sont un cercle. En boucle. John
achète parce que Tom achète parce que Bill achète
parce que John achète. Au bout du compte John
achète parce qu'il achète, mais croit qu'il achète
parce que les autres achètent. Les opérateurs sont
des étourneaux qui se prennent pour des aigles.

N'empêche que ce cercle où l'on chante « ven-
dons-achetons » crée de la valeur... Il faut donc
admettre que les opérateurs boursiers négocient
autre chose, en plus des actions, représentatrices des
profits espérés des entreprises. Ce quelque chose
s'appelle l'« incertitude ». On négocie en Bourse
des fluctuations de taux d'intérêt, de monnaies, de
valeurs boursières elles-mêmes, bref, de l'« avenir ».
La Bourse crée de la valeur, tant que les boursiers y
croient, leurs croyances se fondant sur leur propre
opinion, c'est dire si c'est du solide !

Il n'y a pas moins rigoureux et rationnel que ces

---

1. Fort bien analysé par Keynes dans le chapitre XII de sa *Théorie générale...*

marchés qui prétendent donner la juste valeur des entreprises, ou le bon niveau du taux d'intérêt.

C'est là qu'intervient la mentalité de ces génies de la finance, type Mike Milken, George Soros et autres. Il n'y a pas plus bizarre qu'un opérateur de marché. Moins impulsif. Le chien de Pavlov est un miracle de mécanisme à côté de l'opérateur de marché. Le chien de Pavlov conserve un minimum de déterminisme. Il salive quand la cloche de la soupe tinte. L'opérateur de marché en est incapable. Il obéit à une logique qui n'appartient qu'à lui, laquelle est déterminée par ce qu'a fait son voisin qui s'est fondé sur la réaction impulsive d'un troisième. « Exubérance irrationnelle des marchés » (Alan Greenspan). « 100 000 analphabètes qui font les marchés » (Alain Minc, adorateur néanmoins du marché[1]). Certains révèrent la Cité des Savants, d'autres la République des Philosophes, Alain Minc préfère la dictature des crétins. Des nigauds, les opérateurs ? Pas sûr. Des joueurs fébriles, hâbleurs qui frissonnent de leurs pulsions collectives, leurs effrois, leurs paniques, leurs engouements, et de tout ce qui sort plus ou moins de leur plexus ou de leur cerveau reptilien, qui vendent au clairon, achètent au canon, et engrangent au piston, autrement dit au délit d'initié[2].

---

1. « La victoire du marché est irréversible, et les secteurs qui lui résistent finiront par se soumettre » (La mondialisation heureuse). Oui : soumission est assez bien choisi. Le joug du marché. « Le talon de fer du marché », pour paraphraser Guy Debord.

2. Et qu'on ne vienne pas nous raconter que le « gestionnaire » des milliards de fonds de pension est rationnel ! C'est un

Les chartistes [1] ont bien essayé de vendre les prévisions lues dans les courbes décrivant les tendances passées de la Bourse, magnifiques courbes bleues ou roses qui sont autant de tripes de bestioles dans lesquelles les aruspices lisaient autrefois l'avenir. Même les plus bornés des analystes financiers reconnaissent aujourd'hui que le chartiste est un brave type qui rêve que le passé se répète.

George Soros, qui laisse croire qu'il « fait » les tendances, n'est qu'un opérateur au milieu du marché comme les autres, ne gagne pas plus (pas moins), ne fait pas plus chuter la livre (pas moins), bref, « est au milieu de la foule en essayant de deviner ce que la foule va faire », comme le disait superbement Keynes, grand spéculateur s'il en fut. Il écrit des livres pour critiquer le capitalisme tout en spéculant, ce qui traduit peut-être un dysfonctionnement psychomoteur mais n'est pas sans intérêt : il reconnaît que le capitalisme est un « totalitarisme [2] ». Exact. Le marché est comme le cancer. Il cancérise tout ce qui est à sa portée pour le transformer en cellule qui n'est plus susceptible d'évoluer, éternelle : c'est ça la « fin de l'histoire ».

---

primaire qui ne connaît que la « liquidité » et le « moindre risque », mais incapable de définir la « liquidité » et le « moindre risque » au-delà du bout de son nez !

1. Variété de prévisionniste boursier qui voit l'avenir dans la forme des courbes d'évolution des indices passées. Exactement comme les augures lisaient l'avenir dans les vols des oiseaux.

2. « L'ennemi c'est le capitalisme », *Le Nouvel Observateur*, février 1997.

Les hérauts du casse-pipe

Las ! les « crétins des marchés » ont à leur disposition une engeance payée pour clamer qu'ils sont autre chose que de malheureux pigeons prêts à s'envoler tous ensemble à droite ou à gauche au premier hoquet d'un homme politique. D'abord, les journalistes financiers, qui cumulent l'ignorance du journaliste le nez dans son événement et l'incapacité du raté de l'économie qui a eu du mal à digérer un discours auquel il n'a pas compris grand-chose, sinon que l'offre et la demande, mon gars, eh bien c'est la vie.

Et puis et surtout les officiels de la rhétorique économique. L'OCDE, le FMI, l'OMC... Tous ces organismes dont les responsables ou les « chercheurs » (*sic*) sont payés pour dire : « Allez au charbon, vive l'offre et la demande, vive l'efficacité, à bas l'Etat. » L'OCDE est un modèle de rhétorique réactionnaire primaire de la guerre économique, qui eût fait honte à un Déroulède. Même Déroulède appelait à la boucherie de façon un peu plus subtile. Le dernier des sergents recruteurs de Marines saurait défendre le casse-pipe de manière plus honorable que l'OCDE, cet organisme à encenser les plans sociaux, fustiger les aides qui ne vont pas aux entre-

116

prises, applaudir aux cadavres et huer les ambulances.

Que psalmodie l'OCDE à longueur de journée ? Flexibilité du travail, trop d'Etat, à bas l'assistance qui crée une culture de la dépendance, vive les inégalités qui incitent à se battre, et encore « l'Etat est un fardeau », et encore « à bas la protection sociale » et on en passe[1] : du pseudo-darwinisme le plus épais rewrité par de pseudo-experts en sciences économiques incapables de voir plus loin que la file de chômage qui accueillera un jour leur nullité crasse.

Entre les journalistes spécialisés, les opérateurs et les évêques, papes, évangélistes et gourous divers de la bonne parole libérale, l'économie, la belle science, celle de Ricardo, Walras, Marx et Keynes, est devenue le royaume des niais. Le comptoir du café du commerce, le jaja en moins. Dans le meilleur des cas, le paradis des truqueurs, affabulateurs et farceurs – les moins antipathiques[2]. A tel point que ce sont souvent les patrons qui, devinant que trop c'est trop, mettent parfois un peu de Mercuro-

1. Lire Serge Halimi, « Pour l'OCDE, le salaire, voilà l'ennemi », *Manière de voir* n° 32, supplément du *Monde diplomatique.*

2. Milton Friedman par exemple, prix Nobel d'économie (1976) rigolard, avec un côté « On vous em... » assez plaisant, ou Lawrence Summers, ex-zozo de la Banque mondiale et l'un des meilleurs économistes de sa génération, dit-on, qui prêchait la pollution chez les pauvres parce que leur vie a moins de valeur (en termes de revenus potentiels) que celle des riches.

chrome dans les poches avant les bombes : Gandois, qui estime que l'on est allé trop loin en matière d'aides données aux entreprises ; Pineau-Valencienne, qui serait d'accord pour transformer les jeunes pauvres en jeunes apprentis. Tel autre qui verrait bien une hausse du Smic compensée au double par une baisse des charges sociales, etc.

En 1917, certains généraux dont Pétain comprirent que trop c'était trop. Le combat risquait de finir faute de chair à canon.

Mais la World Company est à vos ordres, pardi !

Une des grandes réussites des multinationales est de laisser accroire qu'elles sont contrôlées par la multitude des petits actionnaires. La tartuferie du *corporate governance* où, par le biais de la Bourse, les fonds de pension, c'est-à-dire les trois sous accumulés pour leur retraite par des péquenots qui perdirent leur vie à la gagner, les actionnaires contrôlent la politique des multinationales. Quelle farce ! Comme si les décisions prises par Bill Gates aux Etats-Unis ou le couple Dassault-Chirac en France dépendaient de la retraite du salarié moyen qui verra son ridicule pactole bouffé par la première crise financière venue. En attendant, il se fait mettre à pied avec son petit paquet d'actions. Qu'il continue à suivre les cours.

Mais le vrai, l'éternel succès de la multinationale – Nestlé qui vend du lait en poudre en Amérique latine après avoir supprimé les vaches locales, Peugeot qui vend des voitures pour les embouteillages, ou Alcatel qui vend des téléphones portables pour persécuter l'être humain jusque dans les séances de cinéma où il se repose, en attendant de le sonner au moment où il fournira du sperme bientôt sans spermatozoïdes à sa compagne –, le plus grand succès, donc, de la multinationale restera de laisser penser qu'elle travaille pour le consommateur. Soumise à l'actionnaire, elle serait aussi soumise au consommateur qui, on l'a compris, est le même brave type.

Ah oui ? Soumise à quelqu'un capable d'avaler du poulet élevé au poisson ou du poisson engraissé au poulet quand il ne s'agit pas d'émissions de télé où on lui interdit de rigoler de lui-même, en lui fournissant directement du rire préenregistré ? Quand on ne lui offre pas déjà, dans certains supermarchés, de la nourriture mâchée et prédigérée, accompagnée d'un paquet de sucs digestifs en poudre ? Ah ! ah ! A la « dictature » du consommateur sur le supermarché correspondrait celle du même, épargnant maintenant, sur le capital de ce même supermarché qui le nourrit de vache elle-même nourrie à la vache avariée, et élevée grâce aux subventions prélevées sur son portefeuille... Qu'il y croie et qu'il en mange, qu'il s'agenouille, qu'il prie pour l'emploi, son portable à la main, qu'il croie à la guerre économique et au libéralisme, après tout,

119

son grand-père a bien cru aux bénisseurs de canons, il a gratté le salpêtre pour la patrie, fourni son épargne, et perdu sa compagne pendant qu'il se faisait étriper. La seule différence, c'est que le péquenot moderne autobaptisé « cadre dynamique » n'aura même pas de monument aux morts.

3

Maréchal, nous revoilà !

Et si la France avait été punie ? Punie d'avoir vécu au-dessus de ses moyens, dépensé sans compter et joui sans entraves ? Ah ! les Trente Glorieuses... La croissance régulière la plus forte d'Europe, le pouvoir d'achat augmentant régulièrement de 5 à 6 points par an, la main-d'œuvre qui hésite entre les emplois, tellement les possibilités d'embauche sont nombreuses, la 3e, la 4e, puis la 5e semaine de congés payés (merci Renault d'avoir inventé ça), l'explosion du système universitaire – les enfants du baby-boom qui veulent à tout prix faire des études supérieures[1], et leurs enfants qui, vingt ans plus tard, en demandent encore plus ! Est-ce bien raisonnable ? Est-ce bien raisonnable de rester cinq ans au-delà du bac quand le bâtiment manque d'apprentis ? « Trop d'études tuent l'emploi ! » c'est bien évident. D'ailleurs, l'Union des industries métallurgiques et

---

1. La loi sur la scolarité obligatoire jusqu'à 16 ans ne fait qu'entériner un état de fait. Plus de la moitié des jeunes entre 14 et 16 ans sont déjà scolarisés.

121

minières (UIMM) le dit, la fille des maîtres de forges, qui s'y connaît en main-d'œuvre de force. Tous ces gens qui veulent faire des études au lieu de rester à leur place... Allons ! un peu de décence ! Tous ces gens qui étudient sans se soucier de leur « employabilité » comme disent les amateurs de beau langage[1], alors que la terre manque de bras et l'UIMM de CES ! Vous vouliez jouir ? Vous allez payer, mes amis. La guerre économique va vous réveiller.

La débâcle

Les ouvriers de 36 avaient voulu les congés payés. Ils étaient allés baguenauder sur les routes... Les chars allemands leur ont présenté l'addition.

La France des années 30 acquitta d'une guerre sa mollesse, son peu de goût pour l'épargne, les valeurs et la prière, son amour du *coïtus interruptus*. Elle jouissait sans faire d'enfants. Il lui a fallu expier. Supporter les épreuves. Souffrir.

Les ouvriers des années 50 voulurent la 4 CV, puis le frigo, puis la télé, puis la deuxième voiture, et des augmentations incessantes de salaires ? Toujours plus de santé, d'éducation, de services publics, de protection sociale, de dépense publique ? Toujours plus d'Etat-providence – savez-vous que la part des

---

1. En l'occurrence les faiseurs de discours présidentiels.

prélèvements obligatoires dans le PIB est passée de 30 à 55 % depuis trente ans[1] ? Ils ont eu la crise. Le chômage. Le bénéfique chômage, la bénéfique hémorragie d'emplois, la saignée humaine qui a permis de juguler l'inflation, comme la saignée évite l'apoplexie.

Merveilleux chômage qui flanque la peur au ventre mieux que le bruit du canon... Qui remet le travailleur à sa place comme la guerre remet le paysan à la sienne... Merveilleux chômage, arme meilleure entre les mains des nantis que la troupe qui cassait du gréviste à l'aube du capitalisme... Existe-t-il meilleur briseur de grèves que le chômage ? N'assiste-t-on pas à cette bénédiction qu'est l'effondrement des journées chômées[2] ? Pendant les Trente Glorieuses, les salariés faisaient grève et gagnaient de l'argent. Aujourd'hui, ils se terrent et ils en perdent.

Le chômage, c'est la salutaire débâcle de 40

---

1. La hausse se fait sous le septennat de Giscard. De 1981 à 1997, le « poids de l'Etat » passe de 44 à 46 %. La moyenne OCDE est de 39 %. La moyenne Union européenne 43 %. Le Luxembourg, le pays où le revenu par tête est le plus élevé d'Europe, a un taux égal à celui de la France. Ce sont les cotisations sociales qui expliquent les prélèvements obligatoires relativement élevés de la France : 19,6 % du PIB contre 6,3 au Royaume-Uni et 9,8 dans l'OCDE (les assurances soi-disant facultatives des Etats-Unis ou du Royaume-Uni n'étant pas prises en compte). Par contre, l'impôt sur les sociétés en France représente 1,6 % du PIB contre 3 % dans l'ensemble OCDE.

2. Réduction continue des heures de grève depuis 1970, divisées par cinq, jusqu'au sursaut de décembre 1995 (*L'Etat de la France 96-97*, La Découverte, 1997).

démontrant la veulerie de cette génération qui ne voulait pas la guerre, ou la voulait « drôle », à creuser et reboucher des tranchées pendant que s'armait la formidable Wehrmacht, virile et revivifiante. Le chômage fouette le sang mieux qu'une pluie de balles. Il vous fait vous dépasser, travailler comme un malade, l'œil inquiet sur le voisin que pour un peu vous dénonceriez à la Kommandantur, pardon, au chef du personnel[1].

Et puis, que voulez-vous, futurs chômeurs, que vaut votre peau ? Que valait la peau des futurs tués du Chemin des Dames ? Rien[2].

Peu importe que la peur coupe les jambes et que la productivité chute du fait de l'excès de précarité. Le chômage est là qui vous remet à votre place : au rez-de-chaussée de l'usine avec vue sur l'ANPE. Les troufions de 40 avaient préparé leur débâcle comme les Français des années 80 ont choisi le chômage. « La France a choisi le chômage ! » (Alain Minc). Il faut savourer cette phrase de général de l'armée en déroute.

En 40, après la défaite, les généraux français se distribuaient des médailles en quantité industrielle, presque autant qu'après la débâcle de 1870, comme

---

1. Tiens ! La délation est devenue le sport numéro 1 dans la Grande-Bretagne ultralibérale...

2. C'est bien ce que dit un Premier ministre à la télé, non ? « Que vaut Thomson ? Rien. » C'est un peu insultant pour les milliers d'hommes qui travaillent à Thomson. Leur qualification, leur histoire, leur vie : rien. La valeur donnée à la vie par le capitalisme.

ce Mac-Mahon, battu à plate couture par le Prussien, et qui se vengea sur l'ouvrier de la Commune. Royaliste, il finit président de la République – bien fait pour lui. Huntziger, dont Paul Reynaud avait exigé la peau après la débâcle – c'était le minimum, franchement –, devint ministre de Pétain. Coupables d'incompétence, comme nos vierges effarouchées de l'austérité libérale et du serrage de ceinture, Camdessus et Trichet, ex-patrons du Trésor, patrons du FMI et de la Banque de France et à ce titre autorités de tutelle des Lévêque et Haberer (Crédit lyonnais, 135 milliards vampirisés sur le contribuable), des François Heilbronner (patron du GAN de 1986 à 1994 : 35 milliards de pertes, merci), des Georges Bonin (gouverneur du Crédit foncier de France entre 1982 et 1994, 23 milliards, je vous en prie), des Jean-Jacques Piette (Comptoir des entrepreneurs, 14 milliards, passez-moi le sel), des Jean-Michel Bloch-Lainé (Banque Worms, 11 milliards, un peu plus de sucre ?), etc. Allons, messieurs ! Camdessus sermonne le pauvre du Sud[1] et Trichet le pauvre du Nord : faut faire des sacrifices, faudrait voir à se flexibiliser un peu, courber un peu plus l'échine, sinon vous resterez chômeurs.

Le chômage ? La faute aux chômeurs !

Les Français ont voulu dépenser sans compter, se

---

1. Et allonge 55 milliards de dollars à la Corée, pour panser les plaies boursières contre un draconien programme d'austérité !

soigner comme des nantis ? Ils compteront leurs bosses et panseront leurs plaies.

Ils ont voulu des retraites payées par leurs enfants ? Bientôt ils n'en auront plus.

Mais la défaite a toujours quelque chose de roboratif : en 40, la France était punie de ses offenses à Dieu, à l'Eglise, à l'Autorité, à la Famille, à l'Epargne, au Travail. Punie par l'Allemagne pour son bien. Elle allait repartir assainie, purgée, fraîche comme un bataillon des Chantiers de jeunesse.

La France de 1998 finira bien par repartir. Si les marchés financiers, nouvelle incarnation du Saint-Esprit, le lui permettent.

Les bons pères la rigueur

Ecoutons ces bons apôtres du serrez-vous la ceinture, c'est pas pour nos comptes en Suisse, c'est pour votre bien :

« La France vit au-dessus de ses moyens. » « Il faut faire des sacrifices. » « Il ne faut pas dépenser plus qu'on ne gagne. » « La rigueur. » « L'austérité. » « Les grands équilibres. »

La chasteté donc, qui s'ajoute à « la terre manque de bras, le bâtiment d'apprentis, les foyers de femmes et les femmes de vergogne ; et ces étudiants sont bien prétentieux qui refusent des magnifiques contrats initiative emploi et des stages diplômants à 1 600 francs par mois[1] ».

Le « père la rigueur », cette variante du père fouettard ou du « bon père de famille » du Code civil, est particulièrement bien adapté à la France, nation cartésienne mais hélas peu rigoureuse, aussi désordonnée dans ses actes que rationnelle dans sa tête. Sa figure éternelle est Pinay.

Pinay « ne fait pas de politique », comme Trichet qui pense que la politique monétaire est « neutre » et qu'il est là pour la confiance, la crédibilité, la confiance, la crédibilité, le moral, et encore la confiance[2]. « Nous avons mauvais moral à cause du chômage, et le mauvais moral crée du chômage. » Authentique ! On se pince... Ça c'est de l'économie politique ! De la grande science ! Chômeurs, ayez le moral et ça passera. C'est comme le cancer. Un peu de moral et ça va mieux. A part ça, vive « le strict respect de la Banque centrale sanctuarisée par le traité ». Sanctuarisée. Pas moins. Saint Trichet priez pour nous.

Trichet, comme Pinay, a du bon sens, du genre « il ne faut pas dépenser plus qu'on ne gagne ». Ce qui est une ineptie économique : appliqué à la lettre, ce principe impliquerait qu'il n'y eut jamais de création monétaire (quand on pense que ce type

---

1. Le CIE, inventé par Didier Pineau-Valencienne, patron français qui fut un temps tricard en Belgique pour abus de biens sociaux.

2. Dix fois les mots confiance ou crédibilité dans un entretien au *Monde*, le 25 juillet 1997.

dirige une Banque centrale !), autrement dit jamais de croissance.

Arthuis aussi a compris. Sur la feuille d'impôts de 1997 on lit : « La Nation est comme une famille. Elle ne doit pas dépenser plus que l'on ne gagne. » Cinquante ans après Pinay, Arthuis, le comptable qui n'a pas compris que le trucage et la fraude du fisc, bases du métier de comptable, ne s'appliquaient plus au niveau national lorsqu'on était précisément en charge de l'impôt public, Arthuis, donc, en appelle à la famille et à son bon père qui, après la comptabilité du soir et la prière, va fabriquer un bon petit Français.

Ah ! la famille, la matrice dans laquelle tôt ou tard doit se retrouver tout Français, surtout en fin de droits. Vision épicière, comptable, ou encore financière de l'économie. Recettes égale dépenses, point. Répétons encore qu'à la lettre cette sotte équation interdit toute croissance (puisqu'on ne peut jamais dépenser que ce qui existe déjà), mais peu importe. Pinay gérait paternellement la maison France[1].

Le dogme purement financier de l'équilibre budgétaire ! Un sou est un sou, un franc est un franc, et un franc vaut plus que 100 centimes, tout comme un

---

1. Et cette gestion fut catastrophique. Vanter « le miracle Pinay » frise le révisionnisme. Le passage de Pinay aux affaires fut une calamité, et d'abord pour l'industrie française, qui croissait à près de 10 % l'an et était en passe de supplanter l'industrie allemande. Les Allemands peuvent bénir Pinay, et ensuite toute la cohorte des défenseurs du franc, non pas fort, *mais par force arrimé au mark*, qui coûtent depuis vingt ans entre 2 et 3 points de chômage à la France.

kilo de plomb est beaucoup plus lourd qu'un kilo de plumes, c'est bien connu. Croire qu'en supprimant deux chiffres après la virgule (la création du « franc lourd »), on augmente la valeur de la monnaie, c'est prendre le citoyen pour un analphabète. C'est le traiter de la manière dont on a toujours considéré l'appelé. Un âne. Une bête à tirer les canons ou à recevoir les obus. « Il ne faut pas faire souffrir les Français deux fois[1] ! » Giscard dixit. Un clone de Pinay. Fit l'emprunt Giscard, ersatz du Pinay gagé sur l'or (l'emprunt par lequel la bourgeoisie française échappa pendant trois générations aux droits de succession). Le Giscard coûta quelque 63 milliards au contribuable[2]. Du Crédit lyonnais avant l'heure. La souffrance, toujours la souffrance... Qui ne comprend que tous ces pères de la nation s'apprêtent à l'oblation de leur corps pour prendre une partie de la douleur du peuple ?

Encore la « basse noble » !

Mais dans le genre *mater dolorosa*, Barre est sublime. En 1976, Premier ministre intronisé sans rire « meilleur économiste de France » et prouvant

---

1. *La Tribune*, mars 1997.
2. 7 empruntés, 70 remboursés, dont plus de la moitié à l'étranger.

très vite qu'il était le plus fantastique enfonceur de portes ouvertes d'une profession qui en compte des bataillons, il introduit dans le discours économique l'imparfait du subjonctif et les « grands équilibres ». Glissons sur les niaiseries du collégien et voyons les « grands équilibres ». Voilà du sérieux. En fait, les « grands équilibres » sont encore un avatar du « il ne faut pas dépenser plus qu'on ne gagne », gérer en bon père de famille et respecter les valeurs (l'argent notamment). Les « grands équilibres », c'est « un sou est un sou » drapé dans de la macroéconomie. Du café du commerce émaillé de trois égalités, niveau bac gestion. Au fait quels sont-ils ces « grands équilibres » ? Le budget ? Le commerce extérieur ? La dette ? Si oui, c'est tout faux. Les Etats-Unis, le pays le plus déséquilibré du monde en termes de commerce extérieur, de budget ou de dette, fut aussi le plus vigoureux et le plus riche.

Les « grands équilibres » sont une préfiguration des critères de Maastricht : déficit budgétaire de 3 %, dette publique de 60 % du PIB, inflation inférieure à 3 %. Contrairement à une idée reçue, les « critères » ne sont pas une lubie de technocrate bruxellois mais correspondent au calcul élémentaire d'une croissance modérée de 3 % environ avec une inflation de 3 %. Ce qui est nouveau, c'est la façon de voir l'économie : l'équilibre budgétaire et monétaire encadre *a priori* l'activité. D'abord l'équilibre, ensuite l'activité. C'est le dogme de l'équilibre financier dans toute son horreur : équilibrez les comptes, ensuite parlez-nous d'innovation, d'emploi, de création de richesse, de recherche, d'éducation, de tout ce que vous voulez. Un sou est un sou. En fait, c'est même une vision précapitaliste de l'économie. Une vision d'épicier ou de rentier.

Barre est d'ailleurs l'individu qui a précipité le retour du rentier. En 1979, il décide de faire emprunter l'Etat à un taux supérieur au taux d'inflation. *Exit* le chef d'entreprise, voilà le rentier. Celui qui va gagner de l'argent par son capital[1].

Et il revient. Il arrive du début du siècle et de l'entre-deux-guerres, possesseur en ce temps-là d'un portefeuille d'actions, d'emprunts d'Etat, de quelques raretés comme l'emprunt russe, surtout d'un patrimoine immobilier qu'il loue aux pauvres. Il est vieux. Il est riche. Il est retraité. Bref, c'est Barre.

Barre le modéré, l'équilibré, devait mal finir : en majorette au sommet de Davos, le sommet des nantis mis en scène pour les gogos, la cantinière faisant passer les plats réchauffés d'un ultralibéralisme victorien (« Trop de droit du travail », « Le Smic comme frein à l'emploi »), ignoré des uns et daubé des autres, ajoutant à son prurit libéral et tardif la démangeaison de creuser un canal entre le Rhin et le Rhône, travail ruineux, inutile, écologiquement catastrophique, hommage somptuaire du maire de Lyon au trou du Crédit lyonnais, on ne voit pas d'autre explication.

---

1. Avec le rentier revient le locataire : les loyers pèsent autant dans les revenus qu'avant la guerre de 14 : entre 12 et 20 % selon les secteurs. *Les Chiffres de l'économie*, Alter Eco, hors série, p. 33.

Malheureusement, Pinay et Barre devaient susciter des vocations sacrificielles à gauche.

Le converti

Les chrétiens savent bien qu'il n'est pire fanatique qu'un converti, saint Paul en témoigne, mais le pire du pire est certainement le socialiste converti au libéralisme.

Après leur penaude tentative de relance de 1981, mâtinée tout de même de franc-fortisme (Mauroy faisant grimper les taux à près de 20 % pour défendre le franc, alors qu'il était urgent de dévaluer... Allons ! Ce n'est pas nous, socialistes, qu'on pourra accuser de trahir le franc et la France ! Garde-à-vous ! Ce n'est pas nous qui allons brader l'Algérie, pas vrai Massu ?), les socialistes décidèrent de se convertir à l'Europe, au franc fort et à l'entreprise. A l'Europe... Entendons-nous : à leur version de l'Europe, c'est-à-dire à une inféodation économique totale à l'Allemagne, payée du tiers ou presque du chômage français [1].

Bérégovoy défendit le libéralisme et la Bourse, relayé largement par tous les socialistes qui prétendirent, avant les élections de 86, « avoir réconcilié

---

1. C'est l'une des rares questions où il y a accord des économistes. Lire par exemple J.-P. Fitoussi, *Le Débat interdit*, Arléa, 1995, ou Alain Lipietz, *La Société en sablier*, La Découverte, 1996.

les Français avec l'entreprise [1] ». Plus royaliste que le roi, il y a toujours celui qui lui fait passer les plats.

On doit à ce pauvre Béré l'invention du Matif (Marché à terme international de France) qui est un marché d'assurances sur variations de taux d'intérêt, purement spéculatif, et porte ouverte à l'explosion des « produits dérivés », qui se poursuivit avec le Monep (Marché des options négociables de Paris), marché de spéculation pure sur les variations des cours boursiers.

Les marchés financiers sont des empilages successifs de marchés, le marché supérieur étant censé « réguler » le marché inférieur, mais également fondés sur la spéculation. On voit la subtilité de la chose : on demande à un spéculateur de spéculer pour couvrir un autre spéculateur. Comme si ça n'allait pas amplifier les risques spéculatifs au lieu de les atténuer. Que Bérégovoy, ex-PSU, ex-syndicaliste, fils d'immigrés, ex-tourneur-fraiseur, n'ait pas compris que des marchés spéculatifs profitaient d'abord à des marchands spéculateurs est l'une des choses les plus difficiles à lui pardonner. Passons.

Il aurait pu se contenter de créer des marchés de spéculation pure [2]. Il engraissa aussi directement les

---

1. Campagne électorale de 1986.
2. La spéculation n'est pas « la concurrence qui fait baisser les prix » ! Ce genre de confusion simpliste fait la force du discours libéral et des généralités du genre « la concurrence profite à tous ». Les questions de la spéculation et de la concurrence sont parmi les plus complexes que la science économique ait à résoudre aujourd'hui. L'amateur pourra lire, avec un peu de courage,

entreprises. Il enclencha la baisse de l'impôt sur les sociétés qui passa en cascade, grâce à l'appui de Cresson, Rocard, puis lui encore, de 50 % à 45 puis 40 puis à 33 %... C'est une mesure Juppé (on se frotte les yeux) qui releva, enfin, l'impôt sur les sociétés, dans le budget de 1996. Strauss-Kahn suivit en 1997.

Enfin, c'est lui qui commença à bastonner les chômeurs (depuis, les allocations chômage ne cessent de diminuer), les nantis ayant enfin compris que le meilleur moyen de supprimer le chômage est de supprimer l'ANPE et les allocs : plus d'allocs, plus de chômeurs, mais des pauvres. Ça coûte moins cher.

Ce n'était pas le premier socialiste venu, surtout à la table patronale – dès 1985 Rocard pouvait crier aux patrons, avec la rage du cocu bientôt plaqué, au Forum de *L'Expansion* : « Vous nous regretterez ! »...

Ce « bon M. Bérégovoy », comme s'amusa un instant de lui la presse de gauche [1] – allusion au sinistre fusilleur de la Commune, Thiers –, découvrit fort marri que taper sur les pauvres et les salariés ne lui faisait pas que des amis. Surtout parmi les pauvres et les salariés. La débâcle des législatives de 1993 le frappa au cœur.

En attendant, il fut félicité par tous les libéraux, au premier rang desquels Balladur, son successeur. Il faut dire qu'il lui avait sacrément facilité la tâche !

Que faire après Bérégovoy ? Rien. Ce que s'em-

les articles d'André Orléan et Jean-Pierre Dupuy dans la *Revue économique* de mars 1989.

1. Par exemple, Jacques Julliard dans *Le Nouvel Observateur.*

pressa de faire l'exquis. Il clama : « Il faut faire des sacrifices », ça ne mange pas de pain, surtout pour ceux qui se nourrissent à la brioche.

La bataille de l'immobilier

Détruire le social, brider l'Etat, engraisser le rentier : on lui refera des lois sur mesure, la loi Méhaignerie, puis la loi Périssol[1], qui faciliteront une gabegie et une spéculation immobilière insensées que paieront bien entendu, comme toujours, les contribuables, c'est-à-dire, dans un système inique comme le système français, les plus faibles, pauvre chair à payer de la guerre économique comme leurs pères furent chair à hacher dans les batailles.

La bataille de l'immobilier ! Quelle débâcle ! Et quelle source de profits pour ceux qui la menèrent ! Un trou de 400 milliards en moins de six ans, 300 disent les plus optimistes. La quasi-totalité du secteur bancaire impliqué, avec des gouffres abyssaux comme ceux du Crédit lyonnais ou du Crédit foncier.

Mesure-t-on ce que représentent 400 milliards pour un pays comme la France ? Plus que l'impôt sur le revenu ? Autant que les marchés publics ? Quel effet dépressif multiplicateur peut avoir une

----
1. 1988 et 1996.

saignée de 400 milliards sur un pays qui est déjà en déflation ? 400 milliards ! L'équivalent d'un gros déficit budgétaire... mais à l'envers ! On vous sort 400 milliards de la poche. Point. Essayez de consommer ou de créer des emplois avec 400 milliards de moins, même étalés sur quelques années... Tout le monde a entendu parler du « multiplicateur keynésien », fondement des politiques de relance : on crée un déficit budgétaire, on injecte dans l'économie de la monnaie qui signifie de la demande, et cette hausse de demande entraîne à son tour une hausse de la production. Eh bien là, avec le trou immobilier, ce fut un multiplicateur keynésien à l'envers. On ponctionna de la demande par destruction, disparition pure et simple de liquidités, destruction d'argent, donc on provoqua une baisse de la production [1]. On ajouta de la récession à la récession.

L'immobilier est fondé sur la rareté de la terre, c'est-à-dire la rente. L'immobilier n'existe que par et pour la rente. Et la loi Périssol est un incroyable cadeau des pauvres aux riches : les pauvres paient la maison que leur construisent les riches pour les loger à prix d'or. Franchement, on applaudit !

Et nous voilà revenus, grâce à Barre et ses épigones, à une situation où les revenus de l'épargne

---

1. On sait que le phénomène du multiplicateur ne joue qu'en circuit fermé. L'un des circuits les mieux fermés (vis-à-vis de l'extérieur) de l'économie est précisément le bâtiment. Relancer dans des secteurs ouverts, comme l'automobile, est d'une sottise rare. Avis aux « balladurettes » et autres « juppettes ».

s'envolent ; « ceux dont la richesse est constituée d'actions ont vu la valeur de leur patrimoine s'envoler ; ceux dont la richesse consiste en espoirs de retraite ont connu un appauvrissement sensible [1] ». Entre 1975 et 1994, le poids relatif de l'assurance et des actions est multiplié par 5, passant de 27 % à 147 % du PIB. Le taux d'autofinancement des entreprises passe de 80 à 110 %. La France est le pays qui épargne le plus, hormis le Japon. Et pourtant, la demande de logement neuf s'effondre, l'endettement moyen des ménages s'accroît, les situations de surendettement se multiplient. Mais à la guerre comme à la guerre ! Il y a l'état-major et le front. Le XVIe et Montreuil. La richesse des Français qui représentait 3,6 fois leur revenu en 1975 représente 4,4 fois le PIB en 1994. On comprend qui épargne.

Chantons sous l'Occupation

Les Français souffrent ? Pas tous. L'orgie de profit et l'enrichissement d'une petite partie de la population française, tandis que la majorité se serre la ceinture, ont aussi quelques rémanences vichystes, « chantons sous l'Occupation », marché noir pour tout dire. La période de Vichy fut un moment

---

1. J.-P. Piriou, « L'économie des ménages », in *L'Etat de la France*, La Découverte, 1996, p. 429.

d'enrichissement sous couvert de réglementation. Eh bien, les Vingt calamiteuses, 1976-1996 (pas pour tous), furent aussi celles de l'explosion de la spéculation, des milliardaires en *stock-options*, des banques spécialisées dans la gestion des fortunes et profitant d'une fiscalité scandaleuse – et cherchant cette fiscalité au Luxembourg, au cas où les cadeaux *made in France* n'eussent pas suffi. Fiscalité sur l'assurance-vie, exonération des successions, des transmissions de patrimoine industriel, investissement dans les DOM-TOM, dans les « quirats[1] », et tout ça au nom de la crise, de la rigueur, de l'effort, de la compétitivité ou du péril jaune.

Pendant la guerre économique, les affaires continuent. « Pourvu qu'ils tiennent, à l'arrière », se disaient les poilus dans la boue. Pourvu qu'ils tiennent, nos malheureux nantis, pendant l'effroyable compétition ! Tiens ! on devrait faire la quête dans les ANPE pour eux... Mais on la fait, la quête ! On la fait ! On n'arrête pas de diminuer les prestations sociales et bien entendu les allocations chômage pour leur allouer des baisses de prestations sociales afin qu'ils puissent créer des sous-emplois payés au demi-Smic et présentés comme des contrats d'« in-

---

1. Si je construis un hôtel aux Antilles, je déduis la *totalité* de l'investissement de mon revenu. En bref, si j'accumule du capital, je ne déclare plus de revenu. *Idem* si j'achète des parts de navires (« quirats »). Le ministère des Finances a calculé que chaque emploi créé par cette loi sur les « quirats » coûtait... 6 millions de francs. Loi Pons. Gageons que ce M. Pons est le premier à hurler contre ces fonctionnaires qui nous ruinent.

sertion », de « qualification » ou autres épithètes mensongères, alors qu'on devrait les baptiser contrats de préexclusion... Car on sait maintenant que la déqualification du travail et la baisse des salaires ne créent pas un poste supplémentaire[1]... Transformer des gens qui sont peu en rien et ceux qui sont rien en moins que rien a beaucoup plus de chance de les aiguiller vers l'exclusion que l'insertion ; la rengaine des charges sociales est évidemment une fausse rengaine : d'abord, elles ont sacrɛ ment diminué, ensuite, elles ont toujours éte compensées par des salaires plus faibles qu'ailleurs (qu'en Allemagne notamment[2]).

On ne répétera jamais assez que les « vingt calamiteuses », la crise, la récession rampante, la déflation larvée, la guerre économique, la menace américaine, puis allemande, puis nippone, puis

---

1. Enquête INSEE, avril 1997. Lire *La Tribune*, 16 avril 1997 : « L'allégement du coût du travail n'a pas d'effets sur l'emploi des moins qualifiés. » « Dumping social ne rime pas avec créations d'emplois. » « Un emploi créé par les mesures de baisse des charges coûte de 200 000 à un million de francs » (*La Tribune*, p. 13). Malheureuses entreprises saignées par l'Etat

2. Rappelons une fois pour toutes que lorsque l'ouvrier d'industrie en France coûte 100, tout compris, il coûte 160 en Allemagne ; que lorsque le salarié moyen coûte 100 en France, il coûte 122 en Allemagne ; que le salarié anglais, qui coûte 60, n'est pas plus employé en Angleterre que son homologue français : l'Angleterre crée moins d'emplois que la France, moins que l'Allemagne, moins que l'Europe ; c'est la démographie anglaise qui explique le faible chômage anglais, et le changement de dénomination : celui qu'on appelait « chômeur » dans le pays qui inventa l'Etat-providence s'appelle désormais « pauvre ».

américaine à nouveau, puis coréenne, furent une période de hausse des profits sans précédent. Il suffit de lire les comptes de la nation : 10 points du produit national sont passés des salaires aux profits. 1 500 milliards de francs d'augmentation du PIB ces dix dernières années. Pour qui ? « La décennie a été glorieuse pour le 1 % de la population française qui possède 35 % de la richesse de la France, bénéfique pour les 20 % qui suivent, neutre pour les 65 % suivants, et catastrophique pour les autres[1]. » Rien à ajouter. Si : ça va continuer.

Et Dieu dans tout ça ?

Que manquait-il pour que la ressemblance avec Vichy fût parfaite ? Deux choses. L'enrichissement des paysans et Dieu.

L'enrichissement des paysans ? Ma foi... Si l'on peut appeler paysans ces industriels, les céréaliers, dont le revenu (surtout l'enrichissement) est garanti par l'Etat (au fait : ce ne serait pas des fonctionnaires, ces braves gens ? Revenus garantis quel que soit le marché ?) et qui pompent sans vergogne à la mamelle publique tout en crachant sur l'Etat, le socialisme et la Sécurité sociale (qu'on finit par leur

---

1. *Les Chiffres de l'économie*, supplément d'*Alternatives économiques*, hors série, n° 30, 1996, p. 49.

---

donner, tout de même, payée par les régimes excédentaires, les fonctionnaires – les vrais – entre autres), il est clair que les paysans se sont enrichis. Les céréaliers coûtent 35 milliards à la France en 1996. Ça fait cher l'exportation[1], le fameux pétrole vert, la défense d'une terre qu'on empoisonne en général... Mais admettons que nombre de petits paysans ne se sont pas vraiment enrichis, même si le revenu moyen de la paysannerie a augmenté entre 8 et 10 % ces dernières années.

Mais Dieu, tout de même, le Dieu du cardinal Spelman bénissant les canons américains, le Dieu de l'Eglise espagnole bénissant les Maures de Franco, Dieu et ses prêtres bénisseurs des Chantiers de jeunesse, des miliciens ou des volontaires de la LVF luttant contre le communisme... Il n'est plus là tout de même ! Pas sûr.

La fatalité du marché. Le destin du marché. « Les marchés ne le permettront pas », « Les marchés réagissent », « Les marchés s'inquiètent », « Les marchés saluent », « attendent », « contrôlent » cette puissance immanente et tutélaire, terrible dans ses punitions, imprévisible, inconnaissable au fond, mais toujours là, partout, dotée d'ubiquité, d'éter-

---

1. En 1996, les exportations agricoles, au total, rapportent une cinquantaine de milliards. L'agriculture, toutes subventions européennes et nationales confondues, engrange 164 milliards en 1996 (voir *L'Etat de la France 96-97*, p. 522). Il n'y a que Trichet pour croire que « les excellents résultats que nous obtenons à l'exportation sont bons pour la lutte contre le chômage » (*Le Monde*, 25 juin 1997).

nité, ce ne serait pas un peu le Saint-Esprit, ça ? Le marché est partout. Rien n'échappe à sa sanction. Ses décisions sont terribles et jamais justifiées. Il n'a pas à se justifier, d'ailleurs. Il est la puissance supérieure. Il est.

Ecoutons ses prêcheurs en chaire... L'abbé Sylvestre (France-Inter et TF1 et LCI), qui caquette à longueur d'année le marché ceci cela, et c'est pas si simple mes frères... Le père Garibal (France-Inter), le marché cela ceci, et c'est plus compliqué que vous ne croyez, pauvres pécheurs... L'archevêque Fabra (plutôt sympa ; l'un des plus drôles ; une sorte de Talleyrand), l'ayatollah Madelin, le mollah Trichet, les jésuites, moinillons, faux-culs et vrais curés, comme Barrot, qui pousse la métaphore médicale jusqu'à décréter que les « socialistes cultivent un germe de résistance à l'économie de marché[1] » (gaffe Barrot, tu vas attraper la grippe).

Qui, depuis vingt ans, ne clame son adoration du marché ? Osez défier le marché et vous verrez... Osez mettre en doute son existence... Osez dire que tout ça, ma foi, c'est rapports de domination, d'exploitation, racket, gabegie, rente, captation, privilège, péages et fermages ou simple pillage, et que la compétition on ne la voit que sur les stades, et encore, la drogue pipe les dés... Osez douter de la divinité qui stimule vos besoins, vos désirs d'enrichissement, de travail, votre productivité... Osez dire que ce Dieu n'est que la volonté de quelques puis-

1. *Le Figaro*, 27 janvier 1997.

sants insatiables, insatiables comme le furent les bouchers qui conduisaient, vague après vague, les troupes contre les mitrailleuses, et vous passerez pour de dangereux prémodernes, moyenâgeux, sectateurs, passéistes, préscientifiques, obscurantistes... Qui ne voit la lumière d'un Bebear, d'un Schweitzer, d'un Pineau-Valencienne, le rayonnement d'un Gates, d'un Eisner (le PDG de Disney) ? Comment ne pas voir la chevelure des anges, la Présence derrière le pilier de la cathédrale (merci Frossard), la Trinité Travail-Famille-Mondialisation dans tant de lumière qui nimbe le crâne de Dassault, l'un des patrons les plus réactionnaires qu'ait jamais connus la France, terre du patronat le plus dur d'Europe car assis et grandi sur la culpabilité de l'assassinat d'un roi, Dassault, capable de fréquentations électorales douteuses, nourri à l'impôt et parlant sans cesse de flexibilité, de concurrence, et de libéralisme, général d'opérette au sabre de bois vendant de la mort sous la protection de l'Etat ? Qui ne comprend la béate parole d'un Kessler[1] ?

Etrange : beaucoup sont bigots. Barre, Pineau-

---

1. Dont la devise ridicule est : « Quand on n'est pas de gauche à 20 ans, c'est qu'on n'a pas de cœur, quand on le reste à 40, c'est qu'on n'a pas de tête. » Comme c'est puissant ! Certes, les jeunes sont globalement généreux, les vieux globalement aigris, comment expliquer autrement la hargne d'un Barre à transformer la Saône en égout avant de disparaître, ou celle d'un Giscard à polluer l'Auvergne dans le projet pharaonique d'un parc débile que le prégâtisme ne suffit même pas à excuser ?

143

Valencienne, Michelin... Après tout, c'est la guerre, « Tuez-les tous, Dieu reconnaîtra les siens[1] ! »

Parfois, la guerre économique a des relents de croisade.

L'ordre moral

Dans le genre « les pauvres ont eu ce qu'ils méritaient, et Dieu (le marché) est probablement derrière tout ça », on ne peut pas ne pas faire référence à la morale diffusée par les institutions internationales, le FMI en tête, organisme dont la direction générale semble être réservée au Français. Si les pauvres d'une nation sont punis par le chômage, les nations pauvres, elles, furent punies par la dette.

Le billet de banque est une reconnaissance de dette. Parlant d'argent, on parle de dettes[2]. Mais la dette du riche et celle du pauvre ne sont pas de même nature. La première est une créance du riche sur lui-même ; la seconde une créance du riche sur le pauvre.

Lorsqu'on pose à Milton Friedman la question : « Faut-il s'inquiéter de ce que les Etats-Unis vivent

---

1. Exorde aux troupes de Simon de Montfort avant le sac de Béziers.

2. Voir Bernard Maris, « Nord-Sud : l'argent du riche et l'argent du pauvre », in *Comment penser l'argent ?* sous la direction de R.-P. Droit, Le Monde Editions, 1992.

à crédit ? », il répond : « Pourquoi s'inquiéter ? Le déficit est libellé en dollars et non en livres ou en francs. En derniers recours, nous disposons de la planche à billets[1]. » En clair, nous ne devons rien. Répétons : si ma créance est sur moi-même, je ne dois rien[2]. Réponse cynique et superbe, régalienne, de Milton Friedman. Garantie divine de l'argent. « Nous croyons en Dieu » est gravé sur le billet vert. « La nature fait les métaux, le roi fait les monnaies », disait Jean Bodin.

En attendant les pauvres paient. Passionnante est la prose des rapports annuels du FMI ou de la Banque mondiale[3], malheureusement pondus par des employés aux chiffres et non un Burke ou un Joseph de Maistre. C'est la morale des riches. Typiquement, il y a les bons et les mauvais pauvres. Le Mexique est un bon pauvre, qui suit les programmes d'ajustement, récompensé par des annulations partielles de dette, la Pologne aussi, pour laquelle le susucre est un gros programme de privatisations. Le Pérou

---

1. *Le Monde*, 8 novembre 1988.

2. Avec une Banque de France à sa vraie place, c'est-à-dire soumise à l'Etat, le Crédit lyonnais (trou de 130 milliards) ne doit rien pour les mêmes raisons. Il est, en dernière mesure, l'Etat.

3. Un modèle est le *Rapport sur les perspectives de l'économie mondiale*, Washington, 1990. Dans le genre, les rapports de l'OCDE, groupuscule niveau 1re année de fac (« Oh ! j'ai découvert la loi de l'offre et de la demande ! »), ne sont pas mal non plus. Ils sont largement utilisés par les libéraux, Balladur en tête, qui nous fournit ses « Commentaires » sur les rapports de l'OCDE (voir la presse du 7 mars 1997). A chaque guerre son César.

est un mauvais pauvre devenu bon après l'arrivée au pouvoir de son président Fujimori.

L'un des thèmes récurrents de la prose du riche est le pardon. « *Forgiveness* », comme disait James Baker[1]. Le pardon que demanda Violeta Chamorro pour le Nicaragua, en visite à Paris en 1992, le pardon et l'oubli des dettes, chaque Nicaraguayen devant 15 000 francs pour un revenu annuel moyen de 2 500 francs. Le « pardon »...

A ces pécheurs impatients, le FMI et le Club de Paris, leurs créanciers, bons pères de famille, rétorquent par la « patience » (cette même patience que l'on demande aux Français depuis 1976). Eh oui ! ces gens furent infantiles, immatures (combien de fois le terme « immaturité » est-il utilisé !), ils s'endettèrent de façon irresponsable pour des projets sans avenir. Ils voulurent bien faire et l'on connaît la suite : des aéroports sans avions pour des pays sans aviateurs ni passagers. La dureté du sacrifice est à la mesure de l'irresponsabilité. C'est le châtiment de l'ajustement structurel.

Et puis « ces pays ont vécu au-dessus de leurs moyens, de sorte que l'ajustement était inextricablement lié à la réduction de la demande[2] ». Le fils prodigue. Il dépensait trop, il était infantile, irresponsable. S'il revient vers le père, celui-ci tuera le

---

1. Ancien secrétaire d'Etat aux Affaires étrangères de Bush.

2. Banque mondiale, *Rapport sur le développement dans le monde*, Washington, 1991, p. 123. Et la Corée du Sud, pour laquelle le FMI mobilise aujourd'hui 55 milliards de dollars, est-elle un « bon » pauvre ?

veau gras, c'est-à-dire lui fera l'aumône d'une remise (oh ! très partielle) de dettes.

Ah ! ces pauvres qui voulurent jouer les riches...

Au niveau des pays, c'est pareil : ah ! ces classes pauvres qui voulurent devenir des classes moyennes ! Toutes seules ! Quand comprendront-elles que ce sont les riches qui décident de la richesse et de l'aumône à faire aux autres ? Donner de l'argent, d'accord : mais laissez-nous le gagner pour nous et vous en restituer quelques miettes. La part du pauvre. La charité est l'un des fondements de la morale libérale.

Lisant le FMI ou la Banque mondiale, on croirait entendre du Balladur ou du Barre. Patience, sacrifice, ne pas vivre au-dessus de ses moyens, se taire, attendre... Benjamin Franklin prônait onze vertus morales : le silence, l'ordre, la frugalité, la modération, le respect de la parole, la loyauté, la recherche de l'utile, l'équilibre moral, l'humilité, la chasteté, la propreté.

Chastes et propres, les Français, peut-être pas, mais silencieux, humbles, modérés, ô combien ! A propos des chômeurs, Michel Bon, PDG de Carrefour puis de France Télécom, milliardaire en *stock-options* qui avait tenté le même genre de troc pour ses affidés de France Télécom[1], avait inventé le terme délicat de « chômeur de confort ». Bon avait été le patron de l'ANPE : il avait eu tout le loisir

---

1. Le gouvernement a finalement interdit la vente de *stock-options* à France Télécom.

147

d'observer le confort sur le visage de tous ces planqués... Debout les morts ! Je m'en vais vous envoyer tous ces tire-au-flanc au combat ! Chômeur de confort... On a compris : le paresseux qui pointe au chômage, ou le mendiant qui se fait « ses 300 francs par jour » comme disait un député de la majorité dont on préférera oublier le nom.

Chômeur de confort, mais PDG qui souffre. On a même osé nous ressortir la « souffrance du PDG » à propos de l'affaire Vilvorde, et du licenciement de centaines d'ouvriers d'une usine. Nivelle, le « boucher », devait souffrir aussi quand on lui dénombrait les milliers de gamins de 18-20 ans hachés au Chemin des Dames. On supposera que Napoléon souffrait aussi.

Les licenciés de Vilvorde devraient envoyer une lettre d'excuses à Schweitzer, leur patron, qui tant souffrit de les virer [1].

Le chômage ? La faute aux salariés !

Allez, soyez raisonnables, patients, acceptez la flexibilité des salaires et du travail et on vous donne

---

1. La Bourse salue la saignée de Vilvorde. Que Renault ait réduit son personnel de 40 % en dix ans, que cette politique ait montré son inefficacité n'y fait rien. La Bourse salue le feu d'artifice en soi. Le feu d'artifice des obus.

l'emploi. Tu me donnes la montre, je te donne l'heure. Dominique Kessler, vice-président du patronat français, grand flexibiliste, qui hurle contre la réduction du temps de travail mais braille en faveur du temps partiel, a tout compris : dans le premier cas, le modèle est l'emploi stable, le contrat à durée indéterminée, dans le second le modèle est le péon qui attend l'embauche le matin devant l'hacienda.

Kessler propose la flexibilité du travail, Minc celle du salaire. On ne se lasse jamais d'Alain Minc. « Depuis 1973, le pouvoir d'achat des Français a augmenté de 40 %. S'il n'avait augmenté que de 35 %, il y aurait probablement un million de chômeurs de moins[1]. » Sait-il, ce monsieur, que le pouvoir d'achat des actions, pendant ce temps, a augmenté de 500 % ? Et que 8 % du PIB, soit 303 milliards, sont passés du côté des profits ? Et que ses fameux 5 % représentent à peine 127 milliards de francs de salaires ? Et il veut encore transférer du pouvoir d'achat vers les profits ? Paraphrasons Frédéric Lordon, pour en finir avec « l'expert »[2]. La thèse de Minc (en est-il conscient ?) est que le chômage est l'effet d'un excès de salaire réel sur la productivité. Au chômage par insuffisance de demande (Keynes), on oppose dans les milieux libé-

---

1. *L'Evénement du jeudi*, nº 645, mars 1997, débat avec Viviane Forrester.

2. Frédéric Lordon : « La romancière et l'imposteur. A propos du débat entre Viviane Forrester et Alain Minc. » Ce commentaire inspire largement ces lignes Il faut lire de F. Lordon, *Les Quadratures de la politique économique*, Albin Michel, 1997.

149

raux le chômage par excès de salaire (donc laissez-nous baisser les salaires, etc.). Ça fait plus de quinze ans que la productivité croît plus vite que les salaires. Quinze ans ! En quinze ans, 8 points de PIB sont passés des salaires aux profits. Jusqu'où faut-il aller dans la restriction salariale, avec des taux d'autofinancement de 110 % et un commerce extérieur excédentaire ? Jusqu'à zéro de salaire ? Mais comprend-on l'immoralité des salariés qui mettent d'autres salariés au chômage ? Ces salauds de smicards qui refusent de laisser entamer leur Smic ? Ces nantis de fonctionnaires ? Ces « chômeurs de confort » qui épuisent les finances publiques pour aller travailler au noir ou boire leurs allocs ? Des profits, jamais question (la compétitivité, la guerre, le destin), mais le smicard ou double-smicard (la quasi-totalité des salariés), ah ! le voilà le pelé, le galeux ! « Chômeur de confort »... Allez ! une petite lichette d'horreur experte de plus pour la route : « La restructuration des effectifs assure la survie des entreprises et la pérennité de sa valeur. C'est comme ça ! » Tout est dans ce « c'est comme ça » : la suffisance de l'expert et la béatitude du possédant. « La pensée abrutie de jetons de présence », dit Lordon. Et on termine par l'ignorance crasse : « Je vous dirais que dans l'histoire de l'humanité depuis qu'elle est humanité, le marché est un état de nature de la société. » Ah ! le marché, de Cro-Magnon (sacré spéculateur, le gars, il avait fait une OPA sur Neandertal) à Bill Gates. L'Humanité. La Nature. L'Histoire. Alain Minc devrait lire des livres d'histoire ou d'anthropologie. On rit ? On se met en colère ? On écoute encore Lordon commentant Minc : « Il faut confier à des archivistes méticuleux ces lignes inoubliables, comme reflet d'un monde où le licenciement des SKF par haut-parleur, l'humiliation des Maryflo, et l'écrasement à répétition d'une suicidée par les trains d'une compagnie britannique où le client est roi, forment un ensemble de faits en apparence épars, mais dans lequel le Marx du XXIe siècle ne devrait pas avoir de mal à trouver une certaine cohérence. » Rien à ajouter.

« C'est comme ça... » Non, ce ne sera pas toujours comme ça.

4

L'Etat, c'est l'ennemi

Un ministre (de droite) réclame un audit général de l'Etat, et « le passage d'un Etat prédateur à un Etat serviteur ». Un autre ministre (de gauche) rappelait que les services publics doivent « traiter les utilisateurs comme des consommateurs »[1]. Respirons...

Que la classe politique confonde prédation et redistribution, consommateurs et citoyens, en dit long sur l'imprégnation libérale de ses cerveaux.

L'Etat prédateur

Prédateur, l'Etat ? Où va l'argent de l'impôt et des cotisations sociales ? Dans des caisses gardées par des policiers ? Dans les poches des immigrés et des Rmistes (un million pour 3 milliards) ou dans celles

---

1. Bayrou et Rocard.

des entreprises ? Prédateur, l'Etat, quand les entreprises captent 400 milliards de marchés publics (soit le tiers de leurs investissements) ? Prédateur, l'Etat, quand les entreprises reçoivent des allégements de charges sociales, des aides à la recherche, à l'embauche, à l'exportation, des crédits bonifiés, crédits d'impôts, tarifs préférentiels, fonds de recapitalisation avant privatisation, subventions à la création ou à la fusion... pour combien ? 300 milliards, 400 ? Plus, et répartis à 80 % sur les 20 % les plus grosses. Ces aides dont Daniel Cohen nous dit qu'elles n'ont servi à rien[1] ? Dont Gandois lui-même avoue qu'elles ne servent à rien ?

Prédateur, l'Etat, quand il finance cash la spéculation immobilière (400 milliards) de personnages qui ont toujours pignon sur rue et d'ailleurs continuent de spéculer dans l'immobilier ?

Prédateur, l'Etat, quand il finance rubis sur l'ongle des nationalisations, puis distribue le capital public, fournit inlassablement des commandes à des personnes privées dont le seul mérite est de vivre d'une rente ?

Prédateur ? Allons ! n'est-il pas plutôt serviteur, larbin de seigneurs de la guerre insatiables, féodaux détenteurs de rentes et d'affermages (combien représente le marché de l'eau ?), mendiants de la manne publique, téteurs de l'argent du contribuable, siphonneurs sans vergogne de la richesse d'autrui, sous prétexte de « création d'emploi » ? Au

---

1. Enjeux-*Les Echos*, septembre 1996.

fait, où est-il l'emploi ? Ça se saurait, a force, si les entreprises créaient des emplois, non ?

Prédateur, l'Etat, quand il est l'assistante sociale, l'infirmière d'une guerre économique de plus en plus désastreuse où les entreprises abandonnent leurs salariés comme autant de blessés sur la route (si l'on ajoute les dépenses du ministère des Affaires sociales, du Travail, de la Ville, des ANPE, des collectivités, des DASS : 350 milliards ; c'est le chiffre qui avait été avancé par le candidat Chirac en 1995) ?

Prédateur, l'Etat, quand il restitue la totalité des cotisations sociales en prestations de santé, de famille, et de chômage – celles-ci de moins en moins, d'ailleurs ?

Prédateur de qui ? Ou serviteur de qui ?

Ah ! bien sûr, la dépense publique qui représente 53 % du PIB, et les prélèvements obligatoires 46 %[1]... Outre qu'il faut enlever une dizaine de points du fait de la double comptabilité des prélèvements sur les fonctionnaires[2], qu'il existe des pays avec plus de dépenses, moins de chômage et certainement beaucoup plus de liberté[3], il faut compren-

---

1. Moyenne européenne : 42,5. Moyenne OCDE : 38,4. Cf. *L'Etat de la France 97-98*, La Découverte, 1997, p. 416.

2. Le fonctionnaire est payé 100 francs mais paye 10 francs d'impôts. Je dois évidemment enlever ces 10 francs de la dépense publique.

3. La Suède, la Hollande, la Finlande. Lire : « La maîtrise des dépenses publiques, un remède incertain » (*La Tribune*, 12 mai 1997).

dre ce qu'on essaie de nous faire avaler derrière cette fable d'Etat tout-puissant, Moloch, ubiquitaire, qui étouffe le citoyen : une remise en cause radicale du service public et du droit du travail (dont l'un des éléments financiers est la « protection sociale »).

D'abord, l'Etat diminue. Ce qui augmente, c'est la part des collectivités locales et de la Sécu. Mais l'Etat lui-même diminue en valeur relative depuis... 1870. Qu'on arrête de nous bassiner avec l'« Etat » qui fait tout, répond à tout. L'Etat, il sert la soupe. Et pas la soupe populaire. Il sert chez Maxim's plus que chez Coluche.

Alors pourquoi cette diatribe, alors que l'Etat serviteur arrose déjà largement ses contempteurs ? Parce que ceux-ci espèrent encore plus. En bref : ils préfèrent un capitalisme à la taiwanaise et maintenant à l'anglaise.

Pauvres Anglais inventeurs de l'Etat-providence qui ont voulu se mettre en compétition avec les dragons, et qui ont réussi : ils sont tombés à leur niveau ; l'ouvrier anglais de l'industrie gagne deux fois moins que le français et il est autant au chômage. Ils veulent un capitalisme où l'Etat prélève 10 % du PIB consacrés à la police et à l'armée (plus trois sous pour des jugements expéditifs). Le capitalisme de Napoléon III, de la reine Victoria (moindre mal), mais aussi le capitalisme rêvé par l'extrême droite, hélas !

Et ce capitalisme sauvage, réactionnaire, prébévéridgien, prékeynésien, d'avant Jaurès, d'avant 36, d'avant les grandes réformes de 45, voudrait faire croire qu'il est efficace ? C'est quoi, l'efficacité ? Ne pas voir les chômeurs et les appeler pauvres, avec cette culpabilité transférée sur la personne (« Donne un sou au pauvre, ma petite Sophie », « Laisse un morceau de gâteau pour le pauvre ») et sur Dieu ? Ah ! c'est sûr, c'est beaucoup moins gênant un pauvre qu'un chômeur... Un chômeur, on sent qu'il n'est pas tout à fait responsable... Qu'il pourrait vous demander des comptes ! Un pauvre, par contre, c'est tellement inexistant !

Mais la guerre économique exige de l'« efficacité »... L'efficacité ? Elles sont efficaces les entreprises, quand elles ne sont capables d'augmenter leurs profits qu'en jetant des centaines de milliers de salariés à la rue ? Qu'est-ce que c'est que cette « reconquête des profits » qui ne se fait que parce qu'il existait aux Etats-Unis, en Angleterre, en France un Etat-matelas, un Etat-sommier, un peu grinçant il est vrai, mais qui a bien amorti la chute de tous ces gens balancés par les fenêtres des entreprises ? Quel mérite à faire des profits en transférant un coût du travail sur la collectivité ? En « externalisant » les coûts, comme disent les économistes, de même qu'un pétrolier irresponsable « externalise » ses coûts, les transfère à autrui, en nettoyant ses soutes dans la mer ? C'est quoi la « responsabilité » d'un patron qui défenestre ses salariés, d'un Didier Pineau-Valencienne (dégraisseur chez Schneider), d'un Louis Schweitzer (même poste chez Renault), d'un Decarpentries (même spécialité chez Bull), d'un Christian Blanc (Air France), d'un Jacques Calvet (Peugeot), etc., quand il sait que la collectivité les prend encore en charge ? C'est quoi cette « gestion efficace » quand j'expulse des individus de leur lieu de travail, sachant que d'autres les reprendront à ma place, l'Etat, la famille, ou la rue ?

Qui ne comprend que ces fabuleux profits affichés depuis dix ans par les entreprises ne sont en vérité qu'un cadeau de l'ensemble des citoyens, par le biais d'allocations chômage et d'un droit du travail qui façonne encore une cohésion sociale et évite (pour combien de temps ?) de transformer des chômeurs en indigents ? Combien de millions de chômeurs supportera le « social » et pour combien de temps ? Certes, s'il y en a trop, il faudra passer au stade brésilien : les chômeurs dans des cartons dans la rue.

Trop de santé tue la santé

Etat prédateur ? Parlons un peu de la Sécu. Il leur prend quoi, l'Etat, aux citoyens, sinon une contribution pour des soins ? L'Etat ne pèse que 30 % aux Etats-Unis ? Et alors ? Les Etats-Unis dépensent plus que la France pour la santé, et si l'on compare les cotisations françaises aux assurances privées américaines, on trouve à peu près pareil : 25 % du PIB. L'un des auteurs de ce livre a travaillé aux Etats-Unis. Quelle est la première chose qu'a exigée son employeur (exigé, sinon pas de contrat) ? Qu'il prenne une assurance maladie. Point. Si on compare la famille moyenne américaine et la famille française, qui est la mieux lotie pour l'instant ? La française. Si les prélèvements obligatoires que paye la première sont plus réduits, une fois acquittées les primes d'assurance, mis de côté l'argent pour permettre aux enfants d'aller à l'université et les autres dépenses laissées à la charge des ménages, le revenu disponible outre-Atlantique est plutôt inférieur là-bas qu'ici[1].

Quand comprendra-t-on que la santé n'est pas gratuite ? Mais ils la payent, les citoyens, la santé ! Ils ne la volent pas ! Ils ne sont pas des « assistés » comme le prétend la rengaine libérale, odieuse... Ils payent pour les soins. Ils payent pour un système éducatif, pas trop mauvais, jusqu'à ce qu'on claironne dans les oreilles des citoyens que les enseignants étaient des « privilégiés » inefficaces, feignants[2], pas assez branchés sur l'entreprise et autres sornettes... De quel droit les entreprises définiraient-elles l'éducation ? Du droit du pollueur ? Du marchand de colifichets ? Du fabricant de télés ou de jeux vidéos pour niais ? Du destructeur des villes ? Du bétonneur des côtes ? Du fabricant de logiciels qui permet d'aller de plus en plus vite d'aéroport en aéroport, c'est-à-dire de rester au même endroit, pour participer à une « bataille économique » qui n'est qu'une agitation

1. Voir *Les Chiffres de l'économie, op. cit.*, p. 31.
2. Et chef de la fanfare, le ministre de l'Education nationale !

d'aveugles dans un tunnel ? Qui conduit où, au fait ? Sur Sirius, avec les sectes, ces merveilleux produits de la guerre économique ? Ah ! mais la guerre économique ne supporte pas les gens dans des lits... Debout les morts ! Au front les tire-au-cul !

La santé coûte trop, les citoyens sont des nantis servis gratis par la Sécu... Mais il faut le hurler encore : ils la payent la Sécu, ils la payent ! Et cher ! Et tant mieux si elle n'est pas trop mauvaise et permet à des médecins, plutôt bons, de s'enrichir. Et tant mieux si les cardiaques vont encore à l'hôpital en France au lieu de mourir chez eux comme en Angleterre, à cause de la dégradation du système de santé !

Que fait l'Etat prédateur de cet argent ? Il va le dissimuler en Suisse, comme les grandes fortunes françaises ? Il le joue en Bourse ? Ou il le recycle dans l'économie ? Qu'est-ce que c'est que ces « dépenses astronomiques » de santé, dont on nous bassine, sinon de l'argent qui circule en France jusqu'à ce que quelques nantis aillent sans doute en planquer une partie ?

Vive l'inégalité stimulante !

En vérité, l'Etat c'est l'égalité, et l'égalité est inefficace, et on va nous casser les oreilles maintenant avec cette sornette d'« équité », dernier cache-sexe branché balladurien [1] qui, sous prétexte de progressivité (personne n'est contre, évidemment), essaye de faire passer en douce la privatisation des services publics. « La Sécu est inefficace », comme le susurrent Balladur et les siens, inquiets de voir le pactole, supérieur en volume au budget de l'Etat, ne pas être géré par leurs petits copains des assurances.

L'efficacité de la Sécu à la Balladur ? C'est le désir de nantis de devenir de plus en plus nantis. Certes, si l'on estime que l'inégalité est un des moteurs de la guerre économique, un des aiguillons, une des puissantes motivations d'aller au casse-pipe, alors vive l'inégalité ! Sans doute la boue de Verdun était-elle aussi une puissante motivation des paysans de France (avec la gnole, tout de même) de se faire hacher tandis que l'état-major fichait de petits drapeaux sur une carte, comme MM. Messier (Générale des Eaux) et Mestrallet (Lyonnaise des Eaux-Suez) fichent aujourd'hui leurs petits drapeaux sur la mappemonde. Vous allez voir que le type dans son carton sous le pont, quand il va connaître le salaire de M. Bebear [2], il va être puissamment motivé !

L'« efficacité » du social ? Le désir de nantis d'aggraver les inégalités. Mais on les comprend : car la redistribution étatique atténue l'inégalité. Oh ! si peu ; n'oublions jamais qu'un manœuvre vit en

---

1. Toujours Minc ! Voir son *Rapport au Premier ministre*, Odile Jacob, 1995.
2. Qui eut au moins l'honnêteté de le rendre public : 12,97 millions en 1995.

moyenne dix ans de moins qu'un cadre supérieur ou qu'un membre des professions libérales : quand il arrive à la retraite, il passe directement au cimetière ; il a cotisé pour les riches ; un manœuvre qui mettait un franc dans les années 70 pour sa protection sociale le récupérait à peine, tandis qu'un cadre sup récupérait largement sa mise[1], du fait du plafond, de l'accès inégal aux soins et de la différence d'espérance de vie. Qu'en est-il aujourd'hui ?

Aujourd'hui, comme il y a vingt ans, un jeune d'origine modeste a une chance sur dix d'être mieux diplômé qu'un fils de cadre. Non seulement l'ascenseur social est toujours en panne, mais on veut nous faire croire que la panne va se réparer en coupant le câble ! En augmentant les inégalités[2] !

Les dépenses collectives imposent une certaine redistribution[3]... Quelle tentation d'individualiser les dépenses... Plutôt que de cotiser pour la Sécu, je cotise pour ma propre épargne retraite et je constitue de fabuleux fonds de pension que les entreprises utiliseront ensuite en Bourse.

Plutôt que de cotiser pour la Sécu, je contracte une assurance privée auprès de M. Bebear (Axa-UAP) pour payer ma maladie ou mon incapacité.

---

1. Voir R. Delorme et C. André, *L'Etat et l'économie*, Seuil, 1989.
2. Lire « Les limites de l'ascenseur social », *La Tribune*, 28 août 1997.
3. Si maigre ! Les études sont quasi inexistantes sur ce point. Il n'est même pas sûr que la Sécu profite aux plus faibles. Le plafond de cotisation, par exemple, à qui profite-t-il ? Qui profite des soins des spécialistes ? De l'Ecole polytechnique ?

2 608 milliards, la Sécu... On comprend que M. Kessler, employé de M. Bebear, ait envie de récupérer le pactole !

Plutôt que de payer l'impôt, je paye une école privée ou une université privée, entre 40 000 et 200 000 francs par an (tarifs outre-Atlantique ; qui peut payer ? Mais c'est l'équité, *my dear*, c'est l'équité ! Le riche paye 200 000 francs et le pauvre a une bourse de 1 000 francs). Moyennant quoi, les gosses du secondaire, aux Etats-Unis, passent sous des détecteurs d'armes avant de rentrer en classe. C'est beau, l'« individualisme ».

Mais si je suis riche, j'ai tout à y gagner. Comment ne pas comprendre le discours libéral ? C'est humain. « Toujours plus », comme le disait un nanti essayant de fourguer ce mot d'ordre odieux et égoïste dans la bouche de smicards. C'est tellement commode de raconter que les privilégiés sont les Rmistes, les Smicards et les employés de la SNCF !

Si je suis un nanti, un vrai, il est évident que je gagne un peu moins en payant le service public, puisque le service public profite à tout le monde et pas seulement à ma nantie petite personne. Bien sûr que les libéraux cherchent à casser le service public ! Comme on les comprend ! C'est pas dommage tout cet argent de la Sécu qui passe par les mains publiques au lieu de passer d'abord entre leurs mains ? Sûr que la redistribution serait beaucoup plus honnête et efficace si c'était M. Bebear qui s'occupait de votre santé plutôt que la caisse d'assurance maladie. D'ailleurs, il le dit : « Le profit profite à tout le monde. » Oui : les profits créent des emplois et du bonheur social. Certes, ils profitent un peu plus aux capitalistes, mais c'est pour vous, ne vous inquiétez pas.

Comme on comprend cette volonté de casser le service public en quantité et en qualité ! En quantité, c'est pas compliqué. En qualité, en racontant à longueur de journée à des personnes qui ont le sens du service public[1] que la vie c'est toujours plus d'argent, que la notion de bien collectif n'existe pas, que la société n'existe pas, que la nation n'existe pas, que si vous êtes intègre, vous êtes un imbécile[2], et d'ailleurs vous n'êtes pas intègre, pas vrai, c'est uniquement l'argent qui vous motive, non, monsieur le juge, monsieur le professeur, madame le médecin ou madame l'infirmière ? que la vie c'est l'individu, l'individu, l'individu et toujours plus d'individu.

Oh ! un petit bémol pour la famille, car on aime bien les chères têtes blondes et monsieur le curé, et depuis Max Weber on sait bien que le capitalisme

---

1. Même les énarques ont le sens du service public. M. Le Bris, le directeur de l'Ecole, explique (*La Tribune*, 20 avril 1997) que 85 % des élèves restent dans le public et ne font jamais de politique. Le cas de M. Jean-Pierre Denis, secrétaire général de l'Elysée, qui raconte sans vergogne dans *Libération* (15 janvier 1997) qu'il n'est à la tête de l'Etat que le temps de se constituer un carnet d'adresses qu'il ira exploiter dans le privé n'est donc pas majoritaire. Mais combien les 85 % doivent se sentir bébêtes de ne pas savoir en profiter comme ce monsieur, non ?

2. Curieux comme l'homme politique intègre a désormais l'air d'un idiot.

ne peut exister sans Dieu qui apaise les esprits et les corps et corrige les inégalités au-delà de la mort. Tous égaux devant Dieu, les amis. Et puis l'enrichissement engendré par l'effort, l'ascèse, le calcul désigne les signes de l'élection divine dans la réussite terrestre. Mais en attendant la confirmation par Dieu lui-même qu'il est bien là-haut, tous inégaux en bas devant l'argent. Les uns à pied sous la mitraille, les autres en train blindé ou au grand état-major, et que le meilleur gagne.

*A bas le service public, vive l'« équité » ! *

Le service public est injuste. A tous les niveaux. D'abord, il y a le front et l'arrière[1]. Et l'arrière de l'arrière, les gens dans les bistrots pendant que les tranchées sont pilonnées, c'est les fonctionnaires.

Le front ramène des vivres au prix de durs combats, vivres que les parasites de l'arrière grignotent impitoyablement, obligeant le front à repartir encore et encore chercher de la nourriture pour les engraisser. Personne n'aurait l'idée de remarquer que l'éducation, par exemple, est un formidable cadeau, un incroyable « effet externe » positif offert aux entreprises ; qu'un service public de qualité, probablement le moins corrompu du monde,

---

1. « Les tranchées et l'arrière », comme disait Stoleru.

apporte à une collectivité une sécurité et une solidarité irremplaçables ; que de toute façon, il est certaines activités ou valeurs qui ne peuvent passer par
l'échange marchand : la justice, la paix, l'éducation,
la santé, l'éthique ; que l'esthétique a presque toujours été le fait du prince et rarement celui du marchand, sauf s'il était d'abord le prince. Que l'on
ouvre les yeux, simplement, pour voir la laideur érigée en principe par les marchands de logements ;
que l'on compare l'esthétique des voies sur berge à
Paris, destinées à la marchandise voiture, et celle
des quais encore destinés aux hommes[1].

Et puis le service public est fondé sur la notion
d'égalité, et ça, c'est insupportable.

L'égalité aussi est injuste. Féconde inégalité au
contraire ! La dernière tarte à la crème des pour-
voyeurs de chair à canon est le thème de la juste
inégalité, de la juste discrimination, bref, de l'égalité
injuste qui doit céder la place à l'« équité ». L'idée
que l'égalité est injuste au nom de la responsabilité
et de l'initiative est aussi vieille que la mauvaise foi
réactionnaire des individus en « haut de l'échelle »
qui cherchent à justifier la possession de leur bar-
reau. Ils pourraient se cloîtrer dans leur morgue, à
défaut d'en appeler vaguement au sang et à Dieu
comme la noblesse : ils préfèrent rameuter à la justice. La « justice »... Non seulement ces gens sont

---

1. Pourquoi le marché est-il inesthétique ? Pourquoi le capitalisme est-il contre la civilisation ? C'est l'une des questions qui
hanta l'économiste Keynes.

riches, mais ils voudraient en plus qu'on les aime. Et qu'on pleure à toute redistribution qui fabrique de l'égalité, car celle-ci est injuste. Manque de chance, le système fiscal français fabrique plutôt de l'inégalité que de l'égalité[1]. L'éloge de l'inégalité stimulante (quand je vois que M. Eisner, là-bas, gagne cinq mille fois ce que je gagne, je suis évi- demment beaucoup plus stimulé que quand je vois que mon voisin gagne le double, pas vrai ? com- bien ? deux mille cinq cents fois plus stimulé sans doute ?) trouve quotidiennement ses thuriféraires, mais curieusement chez les planqués du système. Jamais sur le front. Toujours à l'arrière.

Raymond Barre. Fonctionnaire. Ecoutons l'ex- pert : « L'inégalité des revenus est source d'insatis- faction, et par là de progrès humain. » T'as pas honte, Raymond ? La frustration, le malheur, l'envie, voilà qui fit la Théorie de la relativité, l'*Iliade*, et *Les Demoiselles d'Avignon*, c'est bien connu ! Le progrès, la valeur, la richesse, c'est pas Einstein ou Picasso mais l'entreprise, comment ne pas le voir, en regardant Bebear, l'homme au cache-col en peau de panthère, ou Dassault, roi de l'« igloo » pour pauvres ?

---

1. Lire F. Le Digou, *Réinventer l'impôt*, Svros, 1995.

L'impôt est inefficace

De la redistribution, certes, mais de la redistribution faite non par l'Etat, mais par les nantis. Bref, de la charité. Je me sers d'abord, puis je sers les autres. La part du pauvre. Cela s'appelle le *trickle-down effect*. L'effet percolateur. La richesse qui finit par ruisseler sur les pauvres, de haut en bas. Mais d'abord laissez-nous devenir plus riches, après, vous verrez que ça vous profitera. A moins qu'on n'embauche des machines, beaucoup moins syndiquées que vous, mais c'est une autre histoire.

Donc, les nantis partent en croisade contre l'Etat et, dès lors, par définition, contre l'impôt.

La croisade des milliardaires. La guerre civile contre le public. Elle commence aux Etats-Unis sous Reagan, continue dans l'Angleterre de Mrs Thatcher et finit par arriver en France. Trop d'impôt tue l'impôt. Trop d'impôt inhibe l'activité économique, la création de richesse.

Admettons que les voies sur berge à Paris, Super-phénix, Les Minguettes, Fos-sur-Mer (la plus extraordinaire réserve de faune et la plus grande mer intérieure d'Europe transformée en égout pour un résultat nul), la vallée d'Aspe éventrée, la laideur érigée en principe d'urbanisme, la consommation de fuel dans un embouteillage [1] soient de la richesse. Admettons. Et pleurons un peu sur ces gros contribuables « salariés » qui se voient « spoliés » de 56,8 % de leur revenu (la tranche supérieure de l'IRPP). Certes, l'impôt sur le revenu a baissé de 4 points de 1985 à 1995. Certes, il représente 20 % des impôts contre 56,2 pour l'ensemble TVA-taxe sur les produits pétroliers. Certes, l'impôt sur les bénéfices représente moins de 10 % des impôts. Certes, la pression fiscale sur le capital est passée de 4,1 % du PIB en 1973 à 3,2 % en 1996. Certes, les revenus du capital ont mangé huit points aux revenus du travail depuis vingt ans. Certes, les grandes fortunes ont des milliers de façons d'échapper a l'impôt, des domestiques dont le salaire vient en déduction du revenu en passant par les parts dans des navires ou des hôtels construits aux Antilles, ou encore des parts dans des sociétés de cinéma. Certes, la valeur du capital s'est accrue de façon phénoménale depuis que le chômage explose. Mais on ne va pas chipoter. Trop d'impôts pour les riches.

Faire payer les pauvres ? Ça va être difficile. On les pressure déjà via la TVA et les taxes pétrolières. Même taxe si je mets mon carburant dans la 2 CV ou dans la Rolls. « Faire payer les classes moyennes », c'est plus sûr. Transformer les classes moyennes en

---

1. Plus je consomme d'essence bloqué sur le périphérique, plus j'accrois le PIB ; mais comme j'augmente ma morbidité. donc le temps passé à l'hôpital ou chez le médecin, j'augmente doublement la richesse. C'est beau la « richesse »...

classes défavorisées, voilà du concret. Des très riches et des très pauvres, ce qui s'est passé en Angleterre et aux Etats-Unis.

Et puis, le poids de l'Etat, c'est la santé. Il faut frapper l'Etat à l'estomac. A la santé. Après, on pourra s'attaquer à l'école (c'est là qu'ils sont, les planqués : 3 millions de fonctionnaires de l'Education nationale, la graisse du mammouth).

« Le poids de la Sécurité sociale est devenu de plus en plus insupportable pour l'économie » (Barre). C'est la thèse merveilleuse de « l'effet pervers [1] », l'argument le plus habile de la rhétorique réactionnaire : trop de Sécu tue la Sécu, vous voulez sauver le système, vous êtes pleins de bonnes intentions, plus bêtes que méchants au fond, mais vous allez le tuer, vous dépensez tellement que vous n'aurez plus rien ; c'est comme l'emploi : vous voulez tellement le protéger que vous aggravez le chômage ; laissez-nous licencier, c'est pour créer des emplois.

Variante : « Les lois sur les pauvres créent les pauvres qu'elles assistent » (Malthus). La rengaine du credo libéral. Vous voulez assister les pauvres ? Vous fabriquez des pauvres. Evident : avant le Rmi, pas de Rmistes ! Maintenant qu'il y a le Rmi, un million de Rmistes. Vous avez suscité les Rmistes ! C'est la génération spontanée : mettez du fromage dans une assiette et vous allez engendrer des souris, des four-

---

1. Voir A.O. Hirshmann, *Deux siècles de rhétorique reactionnaire*, Fayard, 1995.

mis. Des parasites, quoi ! Inventez des allocs chômage, et vous créez des chômeurs ! Mathématique :
pas d'allocs, pas de chômeurs. Et de la responsabilité. Le social déresponsabilise Vous ne voyez pas
combien les miséreux de Rio dans leurs bidonvilles
sont responsables, actifs, rationnels, cherchant à
devenir milliardaires, tandis que nos chômeurs se
vautrent dans le bien-être de leurs diverses allocs ?
Et les miséreux de Calcutta, sans rien sinon la mort ?
Pas responsables, ces gars-là, déjà la notion de *Price
Earning Ratio*[1] dans leur tête posée sur le trottoir ?

Moins de social, on vous dit, c'est pour le bien
social lui-même.

Au risque de nous répéter... Où va-t-il cet argent
du social ? Dans les poches des infirmières, médecins, pharmaciens, fonctionnaires de la Sécu et
divers. Il n'est pas sûr que ces gens s'empressent de
le transférer en Suisse d'où il repart à Taiwan fabriquer des chemises qui tuent le textile français.
L'argent de la Sécu tourne en France. Secteur
« abrité », le social, par rapport au secteur
« exposé » (traduction : les planqués *versus* ceux qui
sont au front) ? Oui. Abrité et ne faisant de mal à
personne. Argent recyclé en interne.

Au fait, c'est quoi le secteur « exposé », les héros
de la guerre économique, de la lutte au couteau, les
fantassins de l'assaut ? Les exportateurs ? Ah ! oui ?
Les paysans qui ramènent 50 milliards du front

1 Rapport de la valeur estimée sur les bénéfices d'une entreprise.

171

parce qu'on leur en donne 164 en subventions, comme on balançait autrefois des milliards aux entreprises qui ramenaient des « fabuleux contrats » (payés d'avance et cash par des avances de la Coface ou des demandes publiques associées) des émirats ? Les marchands d'autos comme M. Calvet qui ne vivent que des règles limitant l'entrée des voitures nippones, de défiscalisations cancérigènes et de subventions même pas déguisées, genre balladurettes ? Les exportateurs, alors que la balance commerciale française s'accroît parce que les importations s'effondrent du fait de la récession ? Alors que les parts de marché de la France se réduisent depuis deux ans ?

Oui, trop de Sécu. Alors, on va baisser les charges sur les bas salaires. Ça fait cinquante ans que le patronat le réclame. Maintenant, on sait que les entreprises françaises paient plus de charges que les autres, en moyenne, c'est vrai, mais comme elles paient aussi moins de salaires, le coût du travail est plus faible en France qu'ailleurs[1].

Et puis, l'« Etat est partout[2] » ! En ligne de mire : la postière derrière son guichet. La file d'attente.

---

1. 28,8 % du coût total du travail contre 20,8 % en Allemagne. Cela dit, comme le salaire direct est plus faible, le coût de la main-d'œuvre est néanmoins plus faible en France qu'en Allemagne (voir *supra*, p. 139, note 2). Mais il est plus fort qu'en Angleterre (charges sociales 12,2 %) car les Anglais n'ont ni couverture sociale ni salaire.

2. Discours de Jacques Chirac annonçant la dissolution de l'Assemblée nationale en 1997.

Pas le policier dans le métro ou dans l'aéroport, où il y a triple contrôle des cartes d'identité lors des embarquements, car là, il n'y aurait plutôt pas assez d'Etat : on promet un Etat amaigri mais fort. Moins de fonctionnaires des impôts, mais plus de policiers.

Et pourtant la France est un pays où la fraude fiscale est faramineuse. Près de 200 milliards par an (que l'on compare avec les 3 milliards touchés par notre million de Rmistes ; il faut toujours avoir ce chiffre à l'esprit quand on vous agite des « fraudes » au Rmi). Qui fraude ? Les riches. Ajoutons au sport national la fraude à la TVA en Europe. 400 milliards. Qui fraude ? Les riches.

Alors là, l'argument des nantis est imparable : vous voulez supprimer la fraude ? Supprimez le délit. Supprimez l'impôt et il n'y aura plus de fraude. Supprimez l'interdiction du trafic d'alcool et plus de trafic d'alcool. Supprimez la taxe sur les cigarettes et plus de contrebande. Supprimez les allocs chômage et plus de chômeurs. Mathématique.

Mais qui contrôle la société, alors, s'il n'y a plus d'impôt ? La mafia. Comme en Russie. En Russie, l'Etat est incapable de recouvrer l'impôt. L'impôt n'existe plus. En revanche, la mafia existe. Comme en Corse, la région de France où la fraude (accompagnée de dégrèvements d'ailleurs) est la plus exorbitante. Pas d'impôt, mais de l'impôt révolutionnaire et de la mafia. Comme dans les pays sous-développés, où la taxe est un droit de péage perçu par des personnes privées, autrement dit un racket. Racket du douanier, du percepteur, du policier, etc.

L'impôt, corollaire du principe d'égalité, est un des piliers de la démocratie. Attaquer l'impôt en son principe, c'est s'attaquer aux fondements mêmes de la démocratie. Faire le procès de la « mauvaise graisse » de la fonction publique est indéfendable. Dire : « Fonctionnaires, mauvaise graisse[1] ! » est aussi stupide et malsain que dire : « Députés, tous pourris ! » D'une certaine manière, c'est hurler : « A bas la démocratie ! » avec d'autres.

Le Code du travail est inefficace

On retrouve la maligne rhétorique réactionnaire dans la volonté affichée par les chevau-légers de la guerre économique, derrière lesquels quelques poussives rossinantes n'en pouvant mais de passer les baïonnettes pour que les autres s'étripent, dans la volonté de balayer le social. Le droit du travail ? Mais il empêche d'embaucher les amis ! Il est pernicieux pour l'emploi ! Trop de lois tuent la protection ! Trop de lois font les chômeurs ! Supprimez l'autorisation administrative de licenciement et dans l'année on embauche 700 000 personnes. Un nommé Gattaz, ex-responsable du patronat,

---

1. Slogan lancé par Alain Juppé.

avait même fourni ce chiffre précis à l'appui de ses radotages. On l'a supprimée (1986) et on a vu 700 000 chômeurs de plus.

« Il faut supprimer le Code du travail ! » (Barre.) Le plus drôle est de présenter la suppression du droit du travail comme un progrès. En clair, vous êtes un petit peu réactionnaires, vous qui ne voulez pas revenir au bon vieux XIXᵉ où le « maître est cru sur son affirmation pour la quotité des gages, pour le paiement du salaire de l'année échue, et pour les acomptes donnés pour l'année courante » (art. 1781 du Code civil). Si je ne te paye pas, tu te tais. En ce temps-là, les accidents du travail étaient toujours à la charge des salariés (mais après tout, qu'est-ce qui les empêchait de prendre une assurance-vie, avec leur salaire de survie ?) et le droit de grève un délit pénal. On passera sur le travail des femmes et des enfants[1], l'absence de congé et de couverture sociale, le livret ouvrier[2], bref, quel progrès que ce monde merveilleux de la flexibilité ! Flexibles, mais contrôlés tout de même !

Car y eut-il moment plus flexible pour le plus grand bonheur des salariés que Germinal ? On embauche le matin, on débauche le soir, rendez-vous le lendemain, premier arrivé premier servi, et

---

1. Aujourd'hui, selon l'Unicef, quel est le pays d'Europe où le travail des enfants est le plus développé ? La Grande-Bretagne, pardi !

2. Que l'on voulut rétablir – un certain Barrot – par des « certificats » de sortie d'usine... Quelles sont vos références, Bécassine ?

bouclez-la, petits privilégiés d'embauchés, il y en a des milliers qui attendent. Comme aujourd'hui : silence, il y en a 3 millions et demi qui attendent. « La France s'enfonce dans un chômage massif et persistant, une précarisation galopante des emplois, et une montée de la pauvreté et des suicides directement liée à la pénurie d'emploi. » Qui cause ? Le docteur Villermé ? Engels[1] ? Non. M. Guaino, commissaire au Plan, nommé par M. Juppé, dans un rapport remis à M. Jospin. On continue : « Le chômage ne constitue que la partie émergée de l'iceberg. » Combien, le total chômage plus précarité (temps réduit subi, précarité subie, cessation d'activité anticipée, découragés de chercher un emploi) ? 7 millions. 7 millions moins les chômeurs de confort (oui M. Bon, excusez-nous, on remet ça, c'est vrai, mais ça fait du bien : la première chose qu'on remarque sur la tête d'un type à l'ANPE c'est le confort ; et le confort de la gueule du type qui quémande dans le métro ? Vous n'aviez jamais remarqué ? Les stigmates du confort et de l'alcool réunis ?).

Ça ne fait rien. Flexibilité ! Allez, les troupes ! A l'aube !

Mais cette sacro-sainte flexibilité, on la vivait au temps de Zola ! Quel dommage d'avoir perdu ce paradis terrestre ! La main-d'œuvre conçue comme un stock ! On prend, on jette.

---

1. Louis-René Villermé, *Tableau de l'état physique et moral des ouvriers dans les fabriques de laine, de coton et de soie* (1840). Friedrich Engels, *La Situation de la classe laborieuse en Angleterre* (1845).

La firme Toyota inventa le zéro stock pour les fournitures. Les « flux tendus ». Il faut élargir ça au travail. Zéro stock. Tout en rotation. C'est la seule façon de limiter les coûts : la gestion du travail à flux tendus[1]. Adaptation du travail à la demande. Déjà les socialistes s'étaient préoccupés d'adapter le travail au capital, trop peu utilisé, pauvre chou[2]. Travailler, aller au front sans relâche, supprimer cette loi archaïque du secteur bancaire (1936, en plus, vous vous rendez compte le super-archaïsme !) qui interdit à tout un chacun d'aller dans une banque le samedi. Allez les pioupious, au front, c'est pas pour nous, capitalistes, nantis, millionnaires en salaires et milliardaires en *stock-options*, c'est pour la guerre et le client ! Le marché, la mondialisation, la compétitivité, si vous préférez. Votre horizon indépassable. Votre vie ? Etre de plus en plus compétitifs. Continuez, avancez. Vers où ? Ne posez pas de questions : c'est la guerre, on vous dit A l'attaque !

Oui, le Code du travail est inefficace. Les Droits de l'homme aussi. C'était si efficace de faire travailler les enfants à la mine en raison de leur petite taille. Comme les petits ramoneurs dans les cheminées. Efficacité. Et puis l'écologie est inefficace. A Toulouse, on voulut transformer le canal du Midi

---

1. Le bon docteur Garretta, en son temps, gérait son sang à flux tendus. On a vu la suite.

2. Le rapport Taddei, la loi Delebarre sur le temps partiel entre autres, préludes à l'« annualisation ».

– aujourd'hui classé patrimoine de l'humanité par l'Unesco – en autoroute ! L'Unesco est inefficace. Faudrait voir à privatiser l'Unesco. Et puis l'esthétique est inefficace. On pourrait transformer Notre-Dame en parking et faire passer des photos de la cathédrale aux automobilistes. Ça créerait des emplois, pas vrai ?

L'Etat favorise la paresse

On ne peut comprendre les cris d'orfraie du patronat vis-à-vis du partage du travail sans cette crainte de voir les salariés refuser la guerre économique.

Et s'ils arrêtaient de travailler ? Et si le remplacement des ouvriers par des machines était une bonne nouvelle ? Mais non ! « Les machines créent des emplois » ! Voilà qu'on nous ressort les niaiseries d'un Alfred Sauvy[1], populationniste convaincu, rêvant de centaines de millions de Français, et qui a passé sa vie à dénoncer la « fausse » idée des machines destructrices d'emplois. Car il faut de l'emploi pour fabriquer les machines. CQFD.

Sauvy, homme de l'entre-deux-guerres, observait les agriculteurs passer vers l'industrie, puis vers les

---

1. *L'Economie du Diable* ou *Malthus et les deux Marx*, Denoël, 1966.

services, le tertiaire. Il n'avait pas prévu que la machine s'attaquerait aussi au tertiaire (on n'a pas besoin, aujourd'hui, de la plupart des employés de banque, de même qu'ont disparu les pompistes et que disparaîtront bientôt les caissières des super-marchés, les conducteurs de métro et sans doute ceux d'avion. Et c'est tant mieux ! Et bientôt aussi les intermédiaires sur les marchés boursiers où vous passerez vos ordres via Internet, si vous avez des ordres à passer) et qu'après le tertiaire, eh bien... il n'y a rien. Alors ? Tous journalistes ? artistes ? écri-vains ou fabricants de logiciels ? Peut-être. En atten-dant, la durée moyenne du travail en Europe est passée de 3 000 à 1 600 heures depuis le début du siècle et elle diminuera de moitié dans les vingt ans qui viennent.

Or, c'est insupportable cette idée ! Ce serait la fin de la guerre économique ! Le combat qui cesse faute de combattants ! Il faut absolument maintenir le leurre, faire croire que l'ennemi est là, comme dans le « désert des Tartares » ! Oui, les machines créent des emplois ! Oui, la croissance crée des emplois ! Oui, il faut de plus en plus de croissance ! La croissance des vingt dernières années a engendré un chômage exactement proportionnel ? Ne vous arrêtez pas à quelques chiffres... La fantastique aug-mentation de la richesse française depuis vingt ans a entraîné une hausse fantastique du chômage ? N'allez pas croire tous les chiffres... Battez-vous, battez-vous, on vous en supplie ! N'allez pas adopter une mentalité de retraité, d'assisté, de paresseux, de jouisseur de la vie ! Luttez ! Compétition ! Guerre !

N'allez pas faire comme ces nantis de fonctionnaires qui ne comprennent pas que c'est pour le bien des salariés du privé qu'on a augmenté la durée du versement de leurs cotisations retraite (de 37,5 à 40 ans). C'est pour leur bien qu'on veut les privatiser, à tout le moins les « flexibiliser » du mieux qu'on peut. Qu'est-ce que vous voudriez ? Etre des fonctionnaires, privilégiés, ou être des hommes responsables ? RESPONSABLES ! Responsables, courageux, prêts à aller au charbon, au casse-pipe, le doigt sur la couture du pantalon, le portable à l'oreille et le sourire aux lèvres devant vos chefs qui s'engraissent (mais eux, c'est de la bonne graisse, elle est pour vous cette graisse, pour le plaisir de vos yeux lisant *L'Expansion*) et vous tapotent sur l'épaule. « Bravo Martin, vous avez fait du chiffre ce mois-ci... Mais pas assez. Viré. » « Merci, chef, c'était pour la patrie, pardon, pour l'entreprise. » Vous ne comprendrez donc jamais que les chômeurs sont responsables de leur chômage ? Et puis Martin a 10 actions France Télécom et il est fier de savoir que le fonds de pension qui gère sa maigre retraite vient indirectement de le virer. Au fond, il vient de se virer lui-même, en tant que capitaliste. Après s'être auto-exploité, le crétin de base se licencie. Génial.

Il faut entendre les hurlements patronaux contre la semaine des quatre jours (« la semaine des quatre jeudis », slogan repris par la gauche productiviste

180

évidemment[1]), contre la loi Robien organisant une réduction du temps de travail en échange d'une baisse des charges sociales et de nouvelles embauches (fantastique campagne patronale l'accusant d'être une gabegie, alors qu'elle coûte plutôt moins que toutes les autres « aides » à l'emploi), contre le « partage du chômage » (eh oui : on vous dit partager l'emploi, mais en vérité c'est partager le chômage. Ah bon ? Oui, parce que pour créer de l'emploi il faut se battre, produire, se battre encore...), contre ces réactions frileuses devant la mondialisation, la globalisation. Vous voulez tirer au flanc ou quoi ? Allez ! Poitrine nue sous la mitraille !

Non seulement il ne faut pas diminuer le travail, mais il faut l'augmenter : « Le chômage français trouve son origine dans des choix de politique économique depuis longtemps inefficaces : la diminution du temps de travail, l'abaissement de l'âge de la retraite[2] » (Balladur). La diminution du temps de travail crée du chômage. L'abaissement de la retraite aussi (raisonnement : retraite égale trou de la Sécu ; l'idéal serait que les salariés ne prennent jamais de retraite ; là, jamais de trou de Sécu. Rappel : ce Balladur est le type qui a fait plonger les finances publiques pendant son passage à Matignon[3]). Continuons : « Le système de protection

1. Chevènement, Cresson...

2. Note sur « Le chômage dans l'OCDE ». Voir *Libération*, 7 mars 1997.

3. 7,9 % de hausse de la dépense publique en 1993 (*La Tribune*, 25 avril 1997). La plus forte depuis 1982.

sociale est l'un de ceux qui rendent le travail le moins attractif ». Trop de Sécurité sociale égale chômage ! Mathématique : moins vous aurez de prestations, plus vous irez chercher de l'argent sur le marché du travail. Ou dans le métro en vendant *La Rue* ou *Le Réverbère*, mais tant pis. Car la protection, la Sécu, l'alloc, c'est de la « désincitation à travailler ». Le « droit du travail est de la désincitation à travailler ». Ça, fallait oser... T'as pas honte Edouard ? Mais c'est mathématique encore : cessez de protéger le travail des enfants, et vous verrez s'ils iront pas bosser, ces petits fainéants ! Il faut donc un « assouplissement des règles du travail ». Bon. Le Smic est un frein à l'embauche, « les allocations chômage désincitent [encore !] à la recherche d'activité », et puis : « La France cumule fort taux de chômage et taux d'emploi public parmi les plus élevés de l'OCDE. » Ah ! le voilà le coupable ! Celui par qui le chômage arrive ! Le fonctionnaire !

Sûr que s'il y avait eu moins de fonctionnaires, M. Schweitzer n'aurait pas fermé Vilvorde.

Grande-Bretagne : enfin un pays où le service public a perdu la bataille !

Et les apôtres de la lutte contre l'Etat ont un bel exemple : la Grande-Bretagne, la mère des droits de l'homme et de la Sécurité sociale. L'Angleterre a les patrons les mieux payés du monde (une fois et demie les rémunérations françaises), les ouvriers les plus mal payés (deux fois moins qu'en France), les services publics les plus catastrophiques, l'aspect d'un ex-pays de l'Est, un accès à la santé désormais dérisoire et une mortalité en croissance vertigineuse, un alcoolisme effrayant, mais... mais..., un taux de chômage inférieur au taux de chômage français : 6,5 % contre 12,5 %. Six points d'écart. Ça vaut le coup, non ?

Même pas. Personne n'ose plus nier que cette différence s'explique par une démographie différente dans les deux pays ; que l'Angleterre est le pays d'Europe ayant créé le moins d'emplois ces dix dernières années, moins que la France, que l'Allemagne, que l'Italie et même que l'Espagne, au taux record de 20 %[1] ; que les chômeurs anglais disparaissent parce qu'ils sont devenus des pauvres[2], qui n'ont même plus le courage d'aller s'inscrire à des agences d'emploi qui ne leur donneront rien (quand on vous dit que pour supprimer les Rmistes il suffit de supprimer le Rmi !), parce que si on prenait vraiment en compte les gens qui veulent travailler en Angleterre, le nombre de chômeurs serait de 15 %, que le quart de la population active travaille à temps partiel, que 7 % sont des intérimaires, que 1,2 million de personnes gagnent moins de 21 francs

---

1. Voir *La Tribune*, enquête de D. Sicot.
2. Le nombre de pauvres est passé de 5 à 13,7 millions entre 1979 et aujourd'hui (*Le Nouvel Economiste*, avril 1997, p. 36).

de l'heure[1] ! que la survie des défavorisés les oblige à créer des systèmes d'échanges locaux (SEL) pour fabriquer leur propre monnaie, la misérable menue monnaie que l'Etat leur refuse... Les inventeurs de la Banque centrale réduits au faux-monnayage !

Les Anglais ont fait le pari de concurrencer les pays émergents sur leur propre terrain : ils ont réussi. Ils se sont donc sabordés, sont devenus pauvres comme eux, sont descendus bien bas, en espérant sans doute remonter de là où ils étaient partis. Ils annoncent fièrement un taux de croissance de 3,5 % en 1997 (contre 2,4 % en France), alors que l'Asie croît à 8,3 %, et le monde dans son ensemble à 4,4 %[2]. En descendant encore plus bas, ils auraient eu quelque chance de croître un peu plus. A moins de couler définitivement. Ce ne serait pas la première fois que l'Angleterre prendrait des décisions économiques aberrantes[3].

Que l'Angleterre ait perdu des emplois dans le secteur marchand de 1985 à 1995 alors que la France, avec une main-d'œuvre payée 100 contre 69 outre-Manche, en créait près d'un million[4], devrait

---

1. Encore *Le Nouvel Economiste*, que l'on ne peut suspecter de « socialisme ». Lire également de R. Farnetti et I. Warde, *Le Modèle anglo-saxon en question*, Economica, 1997.

2. *La Tribune*, 25 avril 1997.

3. Celle de maintenir la parité de la livre après la Première Guerre par exemple, dans laquelle Keynes voyait l'une des causes majeures du deuxième conflit mondial.

4. C'est le ministre du Travail lui-même qui l'affirme (*Le Figaro*, 26 janvier 1997), tout en prêchant... la flexibilité à l'anglaise !

faire réfléchir les apôtres du tout-flexible sur deux points.

1) Ces « conservateurs », « privilégiés » et « corporatistes » de salariés, qui travaillent la peur au ventre sous la menace du chômage pour des clopinettes, sont évidemment découragés, démotivés et non pas stimulés par l'attente des charrettes à venir. Ils sont évidemment moins productifs que des employés stables. Les premières caisses de retraite et de maladie furent créées au XIXe, dans les chemins de fer notamment, par des patrons désireux de fidéliser des travailleurs qualifiés et de bonne productivité. Entre esclaves, travailleurs « librement exploités » et travailleurs protégés, existent des différences de statut social et de productivité. Aujourd'hui, les entreprises qui ont trop dégraissé sont obligées de réembaucher et de payer plus cher comme main-d'œuvre temporaire les employés qu'elles ont licenciés. Elles ont réduit provisoirement leurs coûts, mais n'ont plus la main-d'œuvre qualifiée pour poursuivre une stratégie à long terme [1].

2) Croire qu'en liquidant le travail, dans les deux sens, en le « fluidifiant » avant de le jeter, on crée une société prospère, est une erreur. Les Soviétiques avaient eu ce type de raisonnement en croyant fabriquer un pays industriel par la suppression de l'agriculture. Supprimer et précariser le travail conduit non seulement à supprimer et à précariser

---

1. *Le Monde diplomatique*, reprenant le *Wall Street Journal* Europe, 15 mai 1996.

des demandeurs de marchandises, mais à diminuer leur productivité : l'histoire enseigne que les esclaves sont moins productifs que les travailleurs « libres ».

Moins d'Etat, mais un Etat fort : la loi sur le terrorisme autorise les policiers anglais à détenir un suspect pendant sept jours sans explications... Moins d'Etat, mais un Etat rigoureux : faute de soins, les cardiaques meurent à domicile, c'est bon pour la sélection de l'espèce, et un million de patients (comme leur nom l'indique) attendent qu'un lit soit libéré. La médecine hospitalière rendue à l'« efficacité » a fait exploser le nombre de « gestionnaires », et diminuer celui des infirmières[1]. Et puis : faut-il sauver un malade de 70 ans ? Est-ce socialement *rentable*[2] ? Faut-il consacrer 50 000 francs à une fillette leucémique sans grand espoir de la sauver ? Est-ce bien *utile* ?

Utiles en revanche les audits à prix d'or pour pseudo-experts, en tout cas experts en notes de frais... Une infirmière qui flemmarde une heure par jour (en plus elle ferait plutôt du bonus, mais ça ne fait rien), vilain. Un manager d'hôpital qui s'offre un week-end à 10 000 livres sterling pour étudier

---

1. Départ de 50 000 infirmières et embauche de 20 000 managers des hôpitaux semi-privatisés, indiscutablement mieux payés que les premières.
2. Gérard Debreu, prix Nobel d'économie 1983, avait osé poser ce genre de question typiquement libérale lors de son passage à Paris en 1988.

l'« efficacité » des infirmières, joli[1]. Autrefois, on disait « la guerre profite aux marchands de canons ». Oui. Loucheur, manufacturier d'armes, était ministre de l'Armement. Aujourd'hui, le démantèlement de l'Etat profite à une nomenklatura autrement plus privilégiée, intouchable et gavée que ces pauvres fonctionnaires ! Les ex-staliniens ont carrément récupéré l'Etat soviétique : de bureaucrates ils se sont transformés en milliardaires. Les barons anglais aussi ont récupéré le secteur public de leur pays[2]. Celui-ci, peu efficace disait-on, l'est devenu totalement. Avec ça, doublement du prix de l'eau, du gaz, augmentation de 50 % de l'électricité et explosion des comptes bancaires des gens qui se sont approprié le bien public. Comment ne pas comprendre que cela tente MM. Barre et Balladur, qui distillent à longueur d'antenne le venin d'une Sécurité sociale « inefficace », ou d'un « système de santé inefficace » ?

« Moins d'Etat ! » Seillière, le nouveau patron du CNPF, peu reconnaissant, qui vendit à l'Etat sa sidérurgie moribonde et garda le contrôle de tout ce qui était rentable[3]. L'Etat n'a plus grand-chose à donner. Alors on prend l'Etat. Comme un huissier. Plus de revenu ? On prend le mobilier national.

---

1. A propos des week-ends des managers d'hôpitaux du Yorkshire (*Marianne*, 28 avril 1997).
2. En en laissant aux voisins : une partie des chemins de fer par exemple à la Générale des Eaux.
3. Coût de l'opération : 100 milliards (*L'Expansion*, 2 novembre 1997).

A nous le capital, les meubles, les tableaux des Français. Qui ne voit que MM. Dupont et Durand, expulsés de chez eux, seront beaucoup plus « libres », actifs, entreprenants devant des Messier (CGE, 165 milliards de CA), Mestrallet (Lyonnaise-Suez, 200 milliards de CA) ? « L'ouvrier choisit son patron autant que le patron choisit son ouvrier[1]. »

Le modèle anglo-saxon a liquidé les syndicats. « Nous travaillons comme des mules et sommes traités comme des chiens », dit l'un d'eux. La Grande-Bretagne a gagné la bataille sociale et récupéré le butin public. C'est la guerre, les amis. Le sac de la ville après la victoire. La prise au tas. Qui ne rêve d'en découdre avec ce qui reste de syndicats en France ? En finir avec ce secteur public « privilégié » et récupérer les dépouilles ? La Sécu, l'Education ?

On ne saurait terminer avec nos gentils barons anglais sans parler de ce nouveau sport national qui fleurit outre-Manche : la délation. « Chaque service de la BBC compte désormais un mouchard », dit ce journaliste qui travaille la peur au ventre, la peur d'être viré. La BBC ! Le modèle mondial de la télé, devenu moins qu'une radio locale ! Le ministère des Affaires sociales encourage la dénonciation des fraudeurs, les Impôts *idem.*

A propos de fraude, les Anglais ont changé la façon de comptabiliser le chômage trente fois en vingt ans. Ça aide. Espérons qu'on trouvera un

---

1. Paul A. Samuelson, prix Nobel d'économie 1970, pourtant pas l'un des pires.

moyen de truquer les statistiques du suicide, qui explosent outre-Manche. Mais comme le suicide concerne (encore aujourd'hui) les vieux, ça fera autant d'économies pour la Sécu. D'ailleurs, ce sont les faibles qui se suicident. C'est bon pour le darwinisme économique.

« *La prison, c'est l'allocation chômage américaine*[1] »

En matière de modèle, l'américain n'est pas mal non plus. Passons sur l'inégalité des revenus qui s'accroît depuis vingt ans (hausse du revenu réel de 22 % pour les 10 % de la population les plus riches, baisse de 21 % pour les 10 % de la population les plus pauvres[2]), sur le fait que, durant la même période, le rapport entre le salaire moyen des PDG et des ouvriers est passé de 1 à 30 à 1 à 150, que les ouvriers américains travaillent en moyenne quelque 360 heures par an de plus que leurs camarades français (et 430 de plus qu'en Allemagne). Remarquons simplement que les indemnités chômage versées se situent entre 20 et 40 % du salaire antérieur, que les retraites représentent moins de 40 % du salaire – lequel salaire, d'ailleurs, dans l'industrie, est

---

1. Robert M. Solow, prix Nobel d'économie 1987.
2. Etudes économiques de l'OCDE, « Etats-Unis », Paris, 1996, p. 99.

tombé au niveau français – et que les intérimaires et les temps partiels sont foison. Mais là-bas, pas de chômage, tout de même ! Sauf que les chômeurs, là encore, sont devenus des pauvres qui, ne touchant pas d'allocations, ne s'inscrivent nulle part. Et que 2 % de la population active est en prison. Il est vrai que les prisons privées prospèrent. Etat maigre, mais fort. Assez de l'Etat infirmière, on voudrait un bon Etat policier. Prospérons sous l'Occupation. Ou prospérons sous Deng Xiaoping. Le capitalisme n'a jamais détesté l'ordre.

Les Etats-Unis sont devenus le seul pays occidental à ne pas offrir de couverture santé à tous les salariés de moins de 65 ans. Ce pays qui dépense le plus par habitant en matière de santé possède aussi une morbidité nettement supérieure à la morbidité française. En clair, les Américains dépensent plus pour leur santé tout en mourant beaucoup plus. Un enfant qui naît à Harlem a une espérance de vie inférieure à celle d'un enfant qui naît au Bangladesh, remarque Larry Summers, ex-conseiller de Clinton.

Mais tout de même... Le public, c'est pas si efficace que ça... Le Crédit lyonnais : les 130 milliards à ponctionner sur le contribuable, peut-être plus...

Exact. Le Crédit lyonnais s'est comporté comme une entreprise privée, tout en restant adossé au public. Il a siphonné sans vergogne l'Etat pour des entreprises privées qui l'ont légalement pompé. Pas vrai les Pinault, Naouri, Tapie et les autres. Peut-être le Lyonnais aurait-il dû se contenter de son rôle de

grande banque de dépôt destinée à la grande majorité des citoyens. Mais rassurons-nous : les caisses
d'épargne américaines, privées, elles, quand elles
sont en faillite, savent aussi trouver l'argent du
contribuable. La seule différence avec le Lyonnais,
c'est que la facture aura coûté quatre fois plus aux
Américains [1].

Mais tout de même... La bureaucratie... Le sovié-
tisme... Exact, exact. Pas tout au public. Il faut trouver un équilibre. La démocratie est un équilibre.
Personne ne dit ici, ne dira jamais qu'il faut tout au
public. Mais à la France de Napoléon III, où 90 %
allait au privé et 10 % au public, on préfère celle de
la balance : 50-50.

Le marché tue la démocratie, autant que le sovié-
tisme. Comme le cancer, il prend tout dans le corps
social, du rein et du travail des pauvres au savoir de
ceux qui n'ont pas d'autre capital et prostituent leur
malheureuse science pour trois minutes de télé ou
deux élixirs pharmaceutiques : il est un totalitarisme.

---

1. 90 milliards de dollars en 1990.

5

Crosses en l'air !

Au regard de ses glorieux ancêtres, le « parti de la guerre » souffre d'un sérieux handicap : l'absence du Boche. Car c'était pratique, le Boche, ou à tout le moins clairement identifiable. Grâce à lui, le fameux « On les aura » pouvait avoir quelque sens. Le Boche culbuté, on pouvait espérer avoir participé à la « der des der ». Ce n'est plus le cas tant l'ennemi est aujourd'hui protéiforme. C'est le vieux qui s'accroche à son poste ou se goinfre d'une retraite somptuaire ; le jeune prêt à tout pour entrer sur le marché du travail à moins qu'il ne traîne sa fainéantise dans les bistrots. C'est la femme qui refuse de rester mère au foyer quand elle ne prétend pas progresser dans la hiérarchie. C'est le collègue qui lorgne votre place en prévision du futur dégraissage. C'est l'entreprise concurrente plus performante que celle qui vous tolère ; tel pays proche ou éloigné plus compétitif que le vôtre, pour ne pas parler de l'Asiatique industrieux, « force vive » des dragons, ou de l'immigré qui envahit vos banlieues et mange votre pain ! Pas facile dans ces conditions de faire

193

miroiter à la piétaille envoyée à la boucherie une espérance de paix prochaine. C'est si vrai que nos bellicistes convaincus ou résignés s'en gardent bien... sans pour autant annoncer clairement la couleur de leur projet : une guerre mondiale, civile, permanente et durable à défaut d'être éternelle, en quelque sorte une nouvelle version de la vis sans fin...

Malheur aux vaincus

A l'aube du troisième millénaire, la perspective est effectivement exaltante. Nul doute qu'elle ne séduise la partie la plus saine de la population. Place aux vaillants, aux costauds, aux battants « téléphones mobilisés ». Dehors les mous, les rêveurs, les improductifs, les *loosers*. Rassemblement dans l'ascenseur social et tant pis pour la surcharge, on allégera à tous les étages. Vive l'équité ! A chacun selon ses mérites mesurés à l'aune du marché !

Que les « joueurs de flûte » qui interprètent cette bonne vieille marche militaire osent la vendre comme l'expression la plus achevée de la modernité laisse songeur. Car enfin, de quoi s'agit-il sinon de revenir aux formes les plus archaïques du capitalisme ? Moderne, ce retour aux sources d'un système dont chacun a pu constater et constate encore que l'efficacité dont il peut faire preuve en matière de production n'a d'égale que son incapacité à redistribuer les richesses sauf à être sérieusement régulé ? Moderne, au moment même où nous traversons non pas une crise de production économique mais bel et bien une crise de répartition sociale ? Qui peut le croire ? Pas l'hebdomadaire américain *Business Week* en tout cas, qui, pour n'être pas politiquement proche du *Monde diplomatique*, n'en écrivait pas moins en décembre 1994 : « Et si notre optimisme se révélait infondé ? Des centaines de millions de gens ne trouveront aucun avantage à ce nouvel ordre économique mondial. Dans sa forme la plus débridée, le capitalisme crée certainement de la richesse, mais trébuche lorsqu'il s'agit de distribuer ses fruits équitablement. » Pas en reste, son collègue anglais *The Economist,* peu suspect d'« archaïsme gauchiste », donnait à lire à la même époque les lignes suivantes : « L'écart qui se creuse aujourd'hui entre riches et pauvres dans toutes les sociétés peut donner naissance à de nouvelles formes de soulèvement social où les idées de Babeuf et des autres révolutionnaires de 1793 pourraient trouver un nouvel écho. Marx n'avait peut-être pas tort sur un point : le capitalisme est créateur d'un prolétariat vivant dans la misère la plus abjecte. »

Mais la palme du politiquement incorrect revient incontestablement à George Soros, financier international qui accéda à la notoriété en gagnant un milliard de dollars en spéculant à la baisse de la livre sterling. Un gars du bâtiment en somme titulaire du poste envié de « gourou des marchés ». Le « gourou » n'y va pas de main morte : « J'ai fait fortune sur les marchés financiers mondiaux et pourtant je crains à présent que l'intensification effrénée de capitalisme libéral et l'extension des valeurs marchandes à tous les domaines de la vie ne mettent en péril l'avenir de notre société ouverte et démocratique. Le principal ennemi de cette société n'est plus la menace du communisme mais bel et bien celle du capitalisme. » Par les temps qui courent, on a intellectuellement fusillé pour moins que cela...

L'avertissement de Soros, pas plus d'ailleurs que les constats des hebdos anglo-saxons, ne pouvait troubler « les joueurs de flûte » : ils sont sourds à toute autre musique que la leur. Ce qui pourrait être un handicap se révèle à l'expérience un avantage, puisque cette surdité leur permet de ne jamais douter ni d'eux-mêmes (il ne manquerait plus que cela !) ni des idées qu'ils défendent. Cette certitude, bien sûr, s'exprime de façon différente au gré des tempéraments, des interlocuteurs et des occasions ; paternaliste : « Ne réfléchissez pas, nous sommes là pour ça. Faites-nous confiance et tout ira bien. » Interrogative : « Comment pouvez-vous oser imaginer que nous puissions avoir tort, nous qui formons le cercle de la raison ? » Menaçante : « Si vous ne faites pas ce que l'on vous dit, il va vous arriver de grands malheurs. » Charitable : « Vous croyez que cela nous amuse ? C'est pour vous que nous faisons tout cela ! » Persuasive : « Tout le monde fait la même chose, c'est bien la preuve qu'il n'y a rien d'autre à faire. » Courroucée : « Dites-donc, vous ne

196

seriez pas communiste, archaïque, populiste ou les trois ? » Fraternelle : « On sait bien que c'est dur, mais c'est dur pour tout le monde. » Ainsi cheminent les « joueurs de flûte », imperturbables, superbes et surmédiatisés.

Leur problème, c'est qu'ils ne peuvent guère enchanter que les amnésiques. Car il leur est arrivé de nous interpréter d'autres chansonnettes comme celle-ci par exemple : « Les profits d'aujourd'hui sont les investissements de demain et les emplois d'après-demain. » La rengaine eut un succès certain. Il est vrai que son auteur présumé était célèbre puisqu'il s'agissait de l'ex-chancelier d'Allemagne fédérale Helmut Schmidt, grand social-démocrate s'il en est. Le disque a été retiré de la vente et remplacé par un nouveau tube, « Les grands groupes ne peuvent plus créer d'emplois », qui ne marche pas mal. Le prochain titre : « S'ils ne créent plus d'emplois, comment justifier l'augmentation de leurs profits ? », ne sera pas édité.

De perles de ce genre, on pourrait faire un collier somptueux, agrémenté de mensonges éhontés du genre « Le coût du travail français est supérieur à celui des pays voisins » (Renault a fermé l'usine de Vilvorde au prétexte que les coûts de production belges étaient prohibitifs !) et de formules aussi stupides que définitives, du genre : « La stabilité interne et externe de la monnaie est une composante essentielle de la croissance », qui ont au moins le mérite de faire hurler de rire les Anglo-Saxons

197

qui s'en moquent... mais n'en sont pas moins présentés comme des modèles !

La soupe est bonne !

Il est grand temps de cesser de prendre au sérieux l'argumentaire économique des « joueurs de flûte » Les plus malins d'entre eux, au demeurant, n'y croient pas. Ceux-là savent que la petite musique qu'ils interprètent sert moins à convaincre et à démontrer qu'à maintenir contre vents et marées l'économie d'un système qui, certes, fait des malheureux, mais aussi quelques heureux. A ce propos, il n'est pas indifférent de noter que le « riche », le vrai, pas celui à 10 millions de francs, a acquis ces dernières années un nouveau statut. Finies les 200 familles, fini le « suceur de sang », le milliardaire est enfin respecté dans ce pays. La preuve, on le classe chaque année Ainsi a-t-on appris récemment que le propriétaire d'Auchan, Gérard Mulliez, avait dépassé celle qui détenait depuis des lustres le maillot jaune : Mme Liliane Bettencourt, plus gros actionnaire privé de L'Oréal et fille d'Eugène Schueller, le financier de la Cagoule. Evidemment, pas question de publier la feuille d'impôt de ces « vedettes ». Et puis, à quoi cela servirait-il ? A démontrer qu'elles paient, proportionnellement, infiniment moins que les cadres, supérieurs ou pas, qui leur sont si dévoués ? Chacun sait bien qu'il ne servirait à rien de faire « payer les riches », comme le murmurent les néopartageux, tout simplement parce que les « vrais très riches » ne sont pas assez nombreux pour que la « redistribution soit significative ». La « solidarité moderne » ? Faire payer ceux qui n'ont pas grand-chose pour ceux qui n'ont rien, ne serait-ce que parce qu'ils sont plus nombreux... Laissons donc les riches en paix, eux qui « donnent » de l'emploi et font parfois des gestes dont ils peuvent être fiers !

Prenez l'exemple de Ted Turner. Ted Turner est entre autres propriétaire de CNN, la chaîne télévisée basée à Atlanta qui diffuse de l'« information » 24 heures sur 24, « information » dont on ne saurait dire qu'elle soit critique vis-à-vis du capitalisme néolibéral dont nous avons la chance de profiter les uns et les autres... Mais surtout les uns. Quoi qu'il en soit, notre Ted Turner découvrit en avion – le sien – et en survolant ses comptes que la hausse de la Bourse de New York lui avait fait gagner 3 milliards de dollars (18 milliards de francs) en neuf mois ! Heureuse surprise qui amena sur l'heure l'homme d'Atlanta à « faire un geste » en faveur des plus démunis en offrant un milliard de dollars à l'ONU pour financer ses programmes humanitaires. C'est pas beau, ça ? C'est pas moral ?

Vous allez nous dire que participer activement au bourrage de crâne qui contribue à la production de millions de pauvres et d'exclus pour ensuite leur accorder une sorte d'aumône n'est pas à proprement parler moral. En tout cas, c'est moderne. Et puis Ted Turner économise un peu plus en impôt que ce qu'il a donné[1]. Allons, ne soyez pas mesquin... Ayez les yeux amour de Jane Fonda vers son charitable mari ! Ainsi, va le monde né de l'effondrement de l'imposture communiste. Un monde qui faisait dire à Juan Somavia, diplomate chilien, spécialiste du développement social : « Tout ce que nous avons fait depuis la guerre froide est d'avoir remplacé la bombe nucléaire par une bombe sociale. » Explosera-t-elle ? La mèche, en tout cas, parfois s'allume. Ce fut le cas en 1995 en France.

Ça commence à renâcler, dans les tranchées !

Le mouvement social qui secoua notre pays en novembre et décembre de cette année-là fut-il le premier mouvement de masse contre la mondialisation ? Certains l'ont dit, parfois même après l'avoir considéré en son début comme une de ces protestations classiques dont souffrirait endémiquement ce vieux pays. Il est vrai qu'on pouvait s'y tromper. Au départ, une grève des transports publics pour dénoncer une énième réforme de la Sécurité sociale. Du gâteau pour les « joueurs de flûte » et

1. Ted Turner économise... 1,1 milliard de dollars (*La Tribune*, 30 septembre 1997, p. 22).

leurs mainates médiatiques qui, comme un seul homme et comme à l'ordinaire, enfourchèrent leur cheval de bataille préféré : « La défense de l'usager, pris en otage par les grèves catégorielles du personnel d'un service public bénéficiant d'un statut privilégié autant qu'archaïque » ! Un bon thème et plus encore une occasion unique de lever une nouvelle fois l'étendard de la révolte contre ces agents de l'Etat scandaleusement protégés des retombées d'une guerre économique menée avec héroïsme par les troupes offertes à la mitraille de la concurrence et de la compétitivité. Ce fut un bide retentissant. Il apparut bien vite que les « otages » pactisaient peu ou prou avec les geôliers. Rien n'y fit. Ni les micros trottoirs pourtant soigneusement sélectionnés, ni même les sondages censés refléter l'opinion de la majorité silencieuse. Pis encore ! La révolte, loin d'être circonscrite à Paris, s'étendit à l'Hexagone tout entier comme une traînée de poudre, touchant même des villes moyennes comme Roanne, par exemple, qui vit 10 000 personnes, soit le quart de sa population, manifester pendant trois semaines ! Dérangeant. Le coup de l'« usager otage » ayant piteusement échoué, nos mainates furent contraints d'y regarder de plus près. Ce qu'ils découvrirent leur fit dresser les cheveux sur la tête : le front lâchait ! Il ne s'agissait pas d'une « grosse fatigue » ou « d'un état bizarre, d'une déprime collective à la française », mais bel et bien d'un ralliement aux « planqués » de l'arrière investis en quelque sorte d'un « droit de grève par délégation » ! Bref, le cauchemar pour les observateurs, éditorialistes et autres analystes qui, bien entendu, n'avaient rien vu venir, pas plus d'ailleurs que les sociologues les plus « modernes » qui, tel l'élégant Alain Touraine, sociologue de la Cour, fournirent à cette occasion quelques-unes de leurs prestations médiatiques les plus réjouissantes...

Rassurez-vous. Ils s'en sont remis. Il suffit pour s'en convaincre d'écouter la radio ou de regarder la télé. Ils sont toujours là. A peine moins péremptoires mais toujours « fidèles aux postes », d'autant que ce formidable mouvement de protestation a finalement fait long feu. Seuls s'en étonneront ceux qui pensent que la classe politique, et notamment la gauche, « raisonnable, réaliste, gestionnaire, ouverte, de gouvernement », bref, « moderne », est encore en mesure de relayer les espérances d'un peuple qui dit « non » à tout ce à quoi elle s'est ralliée. Alors, enterrée l'explosion de 1995 ? « Un coup de lune » ? (C. Imbert), « Une fantasmagorie » ? (F.-O. Giesbert), « Un carnaval » ? (G. Sorman), « Une spécificité française : le goût du spasme » ? (A. Minc). S'il s'agit d'une « spécificité française », alors il faut constater qu'elle s'exporte bien. En Belgique, par exemple, où a éclaté, en février 1996, une grève de l'enseignement qualifiée d'« historique » ! En Allemagne, où les salariés de Daimler-Benz ont fait reculer le patronat de la métallurgie, dans le même temps où les mineurs envahissaient Bonn et contraignaient le chancelier Kohl à mettre les pouces ! Pour ne pas parler des

étudiants déclenchant une grève générale... Le
« goût du spasme ». La Corée du Sud, elle-même,
n'a pas échappé à l'épidémie. Les médias n'ont pas
été très diserts sur la grève générale qui s'est déclen-
chée à la fin de 1996. Dans ce pays, pourtant, quel
« carnaval » comme dirait l'autre ! 300 000 personnes dans les rues de Séoul en janvier 1997, le groupe
Hyundai paralysé – excusez du peu. Et puis de
« vrais » grévistes, pas des fonctionnaires, face à des
forces de l'ordre peu suspectes de tendresse ! Le
goût du spasme est décidément irrésistible... La
preuve ? Il a également touché l'une des plus grosses
entreprises des Etats-Unis : United Parcel Service
(UPS), un des géants mondiaux de la messagerie
express, dont les 300 000 employés assurent 80 % de
la livraison des colis.

Ce « coup de lune »-là mérite que l'on s'y arrête.
Figurez-vous que les syndicats d'UPS décident le
4 août 1997 de déclencher une grève illimitée.
Le verdict tombe immédiatement de la bouche
des « observateurs » : aucune chance de gagner.
D'abord, parce que le syndicalisme n'existe plus
outre-Atlantique, c'est bien connu. Ensuite parce
que les revendications sont intolérables. Non
contents de réclamer des hausses de salaires, les grévistes exigent en effet de la direction la création de
20 000 emplois à temps plein en cinq ans alors que
80 % des salariés embauchés depuis cinq ans l'ont
été à temps partiel. On croit rêver ! Dernier argument justifiant les pronostics émis sur l'issue de la
grève : les Américains n'accepteront jamais de se

voir priver d'un service indispensable. Outre une direction solide, les grévistes devront donc affronter l'hostilité inévitable de l'opinion publique. Fin du premier acte. Jusque-là, on est dans le normal, le correct, le moderne. Le « carnaval » (*sic*) va apparaître au second.

Première surprise : les grévistes ne sont pas virés pour être remplacés par des salariés plus accommodants. On comprend pourquoi lorsqu'on découvre que la « majorité silencieuse », loin de condamner le mouvement, le soutient. Ils sont 55 % à l'approuver selon un sondage bien qu'il ait été une source d'inconvénients pour 28 % d'entre eux. Cela ne vous rappelle rien ?

Le troisième acte est court. Le 19 août, après quinze jours de conflit, un compromis est signé qui donne largement satisfaction aux grévistes : des augmentations de salaires sont programmées sur cinq ans pour les « temps partiels » et 10 000 « vrais emplois » vont être créés. Commentaire de la correspondante du *Monde* : « Impensable. Une grève nationale au mois d'août, passe encore : les Etats-Unis après tout ne ferment pas pendant l'été et les congés annuels n'y sont qu'une brève distraction. Mais un syndicat qui fait plier le patronat ? Un conflit social qui se solde par la revalorisation des salaires ? Une grève soutenue par l'opinion publique ? Cela fait bien quinze ans que les Américains n'avaient pas observé d'aussi étranges phénomènes. » Commentaire de John Challenger, directeur à Chicago d'un grand cabinet de consultation sur l'emploi : « L'une des questions clés des années 90 est celle de l'équilibre entre les intérêts des *Stakeholders* (partenaires) et des *Shareholders* (actionnaires). Depuis environ vingt ans, la tendance a été de privilégier ces derniers. Ce conflit constitue le premier recul important, la première prise de conscience qu'ils ont été trop privilégiés. » Si c'est toi qui le dis...

Refuser l'imposture

Ce rapide tour du monde de la revendication a au moins un mérite : celui de faire passer tous ceux qui serinent à longueur de journée que les Français sont les seuls à traîner les pieds devant les portes du paradis pour ce qu'ils sont : de gros menteurs ! La carotte néolibérale, sociale ou pas, ne tente pas, et l'emploi du bâton n'est pas encore tout à fait sans danger. Face à la « machine à globaliser », la résistance existe même si elle est éparse. Son développement est un impératif absolu. Comment ? D'abord en refusant l'imposture.

Celle des thuriféraires de la mondialisation, porteuse de peur et de précarité, qui ont tout de même le culot de prêcher la dérégulation au nom du marché régulateur : ne laissez pas la loi réaliser le merveilleux équilibre social que le marché va réaliser. Ainsi, comme les bouchers de 14 envoyaient les

Français au front pour mieux sauver la race, le marché licencie pour mieux embaucher, comme il dérégule pour mieux réguler.

Ces subtilités aporétiques font oublier que le capitalisme, dont le nom politiquement correct est devenu le marché, n'est pas fondé sur l'égalité et le contrat, mais sur la puissance : le péon libre à la porte de l'hacienda choisissant de travailler ou non et choisissant son latifundiste accompagné de sa milice. Dans le mythe égalitaire du marché, acheteur et vendeur sont gagnants. Dans la guerre économique, ce que gagne l'un l'autre le perd, entre autres sa vie. Mais est-ce vraiment la faute du capitaliste ? Ou celle de l'immigré, du dragon asiatique, de l'Américain si vous êtes européen et du Japonais si vous êtes américain, du fonctionnaire si vous êtes commerçant, et de l'Arabe si vous êtes chômeur ? Il est bien connu que ce sont les soldats qui perdent les guerres, tandis que les généraux aux beaux noms d'avenues les gagnent. La guerre économique ne déroge pas à la règle : aux riches les gains, aux pauvres les pertes, et malheur aux vaincus.

Dans un moment d'extraordinaire puissance sinon de « richesse » matérielle, la guerre économique crée artificiellement des conditions de pénurie et de guerre civile intérieure. La crise de la consommation signifie qu'on ne sait plus que se battre (accumuler, travailler, produire, grignoter du temps) au lieu de vivre. Bataille, Reich, Keynes fustigèrent dans les années 30 ces guerriers puritains qui conduisaient les sociétés au fascisme. Mais que répondre à la guerre sinon plus de guerre ? Battez-vous plus encore, continuez toujours, allez au front dans la noria sans fin qui puise une eau qui retourne dans le puits, les yeux crevés comme le mulet qui tournait la roue. Qui ne court pas régresse. Et qui régresse meurt. Alors, courez vers votre terme ! De toute façon, vous êtes coincés : ou mourir à l'arrêt, ou courir aveuglément vers votre fin.

Pendant la Grande Guerre, on fit se battre les classes d'âge normales, puis les très jeunes, puis les quadragénaires. La mondialisation envoie les classes moyennes au tapis après avoir bombardé la Croix-Rouge, l'Etat-providence. Nous sommes en 1917. L'heure des mutineries a sonné. C'est fini : on ne supporte plus qu'on nous dise que la Bourse, c'est « pour nous ». Si Pinault, ami de Chirac, a fait en quinze ans plusieurs milliards de fortune person-nelle, si Naouri, ex- « dir cab » de Bérégovoy, est sur la même voie, c'est pas pour moi, mais contre moi. Si Didier Pineau-Valencienne licencie, c'est pas pour moi comme il le jure, la main sur son chapelet, c'est contre moi. Assez de me faire croire que je dirige les fonds de pension qui dirigent la Bourse ! Assez de se moquer de moi !

Épilogue

Eloge de la résistance

Giono a fait toute sa guerre de 14 son fusil rempli de terre pour ne pas avoir à s'en servir. Il a écrit *Le Grand Troupeau*. Il n'en était pas.

Il faut savoir désobéir. Oser dire que les entreprises n'ont pas le monopole de la richesse ni de la création et moins encore de l'esthétique ; qu'elles créent plus de laideur que de richesse ; que l'enseignement n'a rien à voir avec leur « activité », et moins encore la recherche ; que « l'efficacité » est un mot creux qui remplit les villes de voitures et les poumons de particules ; que la « croissance » n'a aucun sens quand elle ne sait pas où elle va et détruit plus qu'elle ne produit ; qu'une société qui ne sait pas intégrer plus de 3 millions de chômeurs et le double de pauvres est indigne du qualificatif de « civilisée » ; que la servitude commence avec la soumission à la compétitivité, à la productivité ; que la robotisation, qui pouvait être la meilleure des choses, est devenue la pire, qu'elle décervelle les hommes et transforme les individus en prothèses des machines ; que le nerf de la guerre souille tout : le sport, l'art, les livres, les journaux, l'information, la science, particulièrement la « science » économique, pâle prostituée de ces temps blafards ; qu'il avilit l'intelligence, « obligée » de produire des livres « rentables » et de montrer ses mollets dans des niaiseries télévisées ; que la non-participation à la guerre économique est un droit fondamental, essentiel, pouvant être choisi par tout citoyen, au même titre que l'objection de conscience. Que tout citoyen est héritier d'Homère, de Pascal et de Newton, qui ont permis à M. Gates de dominer le monde et qu'à ce titre ils ont tous, même le plus pauvre, même le dernier, en tant que cohéritiers, droit à un minimum décent. Que l'économie est devenue folle, un train d'enfer sans pilote fonçant sur une voie ferrée que construisent des hommes machinalement, plus machines que les machines, plus esclaves que les esclaves, avec leurs têtes vides qui n'ont jamais le temps de rien, surtout pas de penser, moins encore de rêver. Que les professeurs veulent redevenir des professeurs, les journalistes des journalistes, les juges des juges, les médecins des médecins, les artisans des artistes, les agriculteurs des producteurs et non des empoisonneurs, et que tous ces gens n'en peuvent plus d'être des esclaves de la compétitivité, des esclaves du temps comme les hamsters tournant dans la petite roue.

La guerre économique, c'est la grande machine du Temps qui broie l'homme, le Temps qui prend l'homme au lieu que ce soit l'inverse, l'homme qui, comme disait le philosophe, « n'est plus rien, que

la carcasse du Temps ». Tremble carcasse, le chômage peut sonner à l'aube à ta porte !

Que le libéralisme, doctrine totalisante rêvant de
tout mesurer à l'aune de l'échange, de la productivité, de l'efficacité et de l'argent, est bien prétentieux de croire son règne arrivé, pauvre divinité de
pacotille à l'image de la pacotille transgénique et
virtuelle qu'il fabrique en série en échange du génie
et de la diversité humains, sous-darwinisme pour
espèce en voie d'étouffement et de surpopulation...
Heureusement, cette doctrine passera, comme tous
les totalitarismes. Le libéralisme a trois siècles. C'est
peu dans l'histoire de l'humanité. Il ne sera bientôt
qu'un cauchemar. D'aucuns crurent le nazisme millénaire et le stalinisme éternel : la fin de l'histoire
après la fin de la lutte des classes, rêvait Marx... Le
premier a duré moins de vingt ans, le second
soixante-dix.

Et cette fin de l'histoire, voilà qu'on nous la res-
sert, sur fond sonore de la musique des cours boursiers et des chiffres mirobolants de la fortune de
M. Gates, payé d'avoir piqué et diffusé le logiciel
d'autrui... Combien vaut Mozart ? Quel est le prix
de la petite musique avec trop de notes ? Est-elle
assez efficace ?

Crosses en l'air ! Assez de se battre tous contre
tous ! De s'épuiser sans penser. Le libéralisme, ce
mauvais darwinisme du café du Commerce, pardon,
de la queue du McDo, ces endroits où l'on ne donne
même pas le droit ni le temps de manger, cette
sélection des plus abrutis pour gagner, à peine plus

abrutis que les mâles nageuses de l'Est sélectionnées pour gagner, serait notre horizon indépassable ?

Et qu'on ne nous ressorte pas cette potacherie éculée du « capitalisme qui est le pire des systèmes à l'exception de tous les autres ». Il n'est qu'une petite, courte et pauvre parenthèse, malgré ses « richesses », dans la richissime histoire passée et à venir de l'humanité.

Les solutions existent. Les pistes sont là. Qui n'a entendu parler de la *Tobin Tax*[1], la taxe infinitésimale sur les mouvements de change ? 1 400 milliards de dollars circulent journellement ? Ponctionnons 0,1 % sur chaque mouvement. 1,4 milliard de dollars de côté par jour. Pour quoi ? Pour enseigner, alphabétiser, dépolluer, créer, soigner, planter, inventer en dehors de toute contrainte mercantile, apprendre gratuitement l'économie politique à Seillière, donner des leçons d'esthétique à Bouygues... Qui n'a entendu parler de la taxe Lauré ? Taxer tous les produits en provenance des pays à faible niveau de protection sociale et redistribuer à des fins de formation, à ces mêmes pays, le produit de ces taxes...

Les solutions abondent, mais elles ne sont rien à côté de ce qui nous attend : la fin de l'aliénation et la pleine maîtrise de notre temps. « Il faut oser rompre avec cette société qui meurt » (André Gorz).

Qui ne voit que la prétendue bonne santé du capitalisme n'est qu'un spasme de moribond, un

---

1. Du nom du prix Nobel d'économie 1981.

sursaut qui ressemble à un regain de force et n'est que l'annonce de la fin ? Internet, bref et merveilleux instrument de connaissance et d'échange libre entre savants désintéressés, a été évidemment colonisé par le mercantilisme le plus banal. Ce n'est rien : combat d'arrière-garde des marchands. La révolution numérique et informatique libère, inexorablement, le temps des individus. Le moment de la « liberté fondamentale » (Rawls), celle de disposer de son temps, approche. Cela peut aller plus vite qu'on ne croit. Qui imaginait il y a trois siècles que les « nègres », les femmes, les manants auraient le droit d'exister politiquement ? Qui peut imaginer que, dans moins de deux générations peut-être, tous les hommes auront une « allocation universelle[1] », un revenu important, indépendant de leur participation à la vie active ou non, indépendant de leur origine et de leur niveau de vie, uniquement dû à leur statut d'être humain, c'est-à-dire d'héritier d'Homère, de Pascal et d'Einstein ? Héritage usurpé aujourd'hui à travers la technique et le savoir par quelques « héritiers » milliardaires ? Que serait Bill Gates sans Homère, Pascal et Einstein ? Rien. Pourquoi cet incommensurable héritage ne profiterait-il pas aussi et autant, pas plus mais pas moins, à la petite main exploitée pour fabriquer des tapis au Pakistan, au mendiant de Paris, au chômeur de Liverpool ? L'allocation universelle, la multiactivité,

---

1. Réclamée évidemment par de plus en plus de gens lucides : John Rawls aux Etats-Unis ou André Gorz en France.

le temps choisi, l'entreprise au service des citoyens, l'abolition du salariat et de son cortège d'aliénations, de frustrations, la fin du travail, cette activité pénible, qui consiste à mettre un pied dans la tombe à 25 ans pour mourir cinquante ans plus tard après avoir agonisé pendant 37,5 annuités (40 depuis Balladur), même les jeunes dirigeants d'entreprise sont pour[1] !

Le capitalisme voudrait restaurer le pire asservissement au travail qu'il est en train d'abolir. Il crève de cette contradiction : tuer le travail et vouloir le ressusciter. Quel spectacle de voir ce système scier la branche sur laquelle il est assis ! Quel plaisir de le voir s'agiter, menacer, tempêter, nous forcer à quémander et à aimer ce qu'il abolit ! Allons, un peu de courage pour remiser les armes au vestiaire...

La société du travail n'existe plus. La valeur travail, cette valeur qui a permis la majestueuse construction de Ricardo, l'espoir marxiste, la dignité des mouvements ouvriers, voilà qu'elle s'évanouit comme un cauchemar. Et c'est dans ce cauchemar qu'espèrent nous rendormir encore et encore les tenants de la « flexibilité » et de l'« efficacité » ? Le travail « lien social » ! Allons ! Raconte ça au routier qui roule ses soixante heures par semaine.

Et puis cette « guerre économique », avec ses

---

1. Centre des jeunes dirigeants, *L'Entreprise au XIXᵉ siècle*, Flammarion, 1996. Le CJD reprend d'ailleurs la belle formule de Marx, « perdre sa vie à la gagner ».

conquérants, ses combattants, ses restructurateurs bellicistes, ses mâles faiseurs d'OPA, ses attaquants musclés, ses capitaines virils, ça vous a un petit côté plus que machiste : nigaud. Franchement, il ne faut pas être très malin pour croire encore que cette société se donne du mal pour faire l'aumône d'un travail dont elle n'a plus besoin, mais qu'elle exige néanmoins qu'on réclame dans des files d'attente de plus en plus longues. Interdit de ne pas quémander ce à quoi on n'a plus accès ! Réponse : « Tant mieux si on n'a plus accès au travail ! »

Jamais le capital n'avait réussi à s'émanciper autant du pouvoir politique, lui créant même des donneurs d'ordres et faiseurs de programmes comme l'OMC, le FMI et autres OCDE. Jamais il n'avait autant menti, contant cette fable de la « mondialisation heureuse », c'est-à-dire du marché ayant remplacé l'Etat, et du Chinois qui est à la fois notre avenir (notre future demande) et notre concurrent... Mais il crève, le Chinois ! Il est mort avant que d'avoir combattu ! Coulé avant que d'être sorti du port, le malheureux, avec ses 30 % de chômeurs dans les zones urbaines, ses 100 millions de vagabonds, ses villes les plus polluées du monde, sa pénurie d'eau, et son futur milliard d'indigents ! Et on veut nous faire croire, parce qu'on lui fourgue une douzaine de centrales nucléaires rouillées sur notre fin de stock, qu'il va acheter des millions de voitures ? Pour transporter son copain taiwanais peut-être ?

Sera-t-il efficace, notre ami chinois, futur embouteillé du futur périph de Pékin ?

Au fait : la vie vaut-elle d'être efficace ou d'être vécue ?

Belle question pour une fin de siècle et le prochain siècle de paix.

Table

OUVRAGES DE BERNARD MARIS

Eléments de politique économique :
l'expérience française de 1945 à 1984
Privat, 1985

Des économistes au-dessus de tout soupçon
ou la grande mascarade des prédictions
Albin Michel, 1990

Les Sept Péchés capitaux
des universitaires
Albin Michel, 1991

Jacques Delors,
artiste et martyr
Albin Michel, 1993

Pertinentes questions morales
et sexuelles dans le Dakota du Nord
roman, Albin Michel, 1995

Cet ouvrage composé par IGS
a été imprimé
sur presse Cameron dans les ateliers
*de **Bussière Camedan Imprimeries***
à Saint-Amand-Montrond (Cher).
pour le compte des Éditions Albin Michel.

Achevé d'imprimer en novembre 1999.
N° d'édition : 18787. N° d'impression : 995215/4.
Dépôt légal : novembre 1999.